KB271989

100년 쓰는 몸을 만드는

걷기와
달리기

100년 쓰는 몸을 만드는

걷기와
달리기

100년 쓰는 몸을 만드는 걷기와 달리기

김병곤 지음

whale books

시작해야 한다는 마음은 굴뚝같은데 막상 달리려고 하면 무릎이 먼저 걱정되시나요? 바쁜 일상에 시간 내기도 어렵고, 몸 곳곳이 뻐근하다는 이유로 운동화 끈조차 묶기 전에 포기한 적이 있으신가요? 이 책은 그런 분들을 위해 '평생 잘 걷고 뛰는 법을 알려주는 가이드북'입니다. 새로운 도전에 목마른 20대 청년부터 건강 검진 수치를 보고 마음이 철렁 내려앉은 50대 직장인, 그리고 지금이라도 한번 제대로 잘 걷고 뛰어보고 싶은 마음이 간절한 80대까지 누구나 부상 없이, 숨이 편안한 속도로, 즐겁게 걷고 달릴 수 있는 방법을 설계하고 제안합니다.

많은 사람이 러닝을 시작하지 못하는 이유는 단순합니다. '무릎이 나갈까 봐', '호흡이 버거울까 봐', '시간이 없어서'…. 하지만

이를 거꾸로 뒤집어 생각하면 해결책도 단순하다는 뜻입니다. 다음의 세 단계만 차근히 밟으면, 우리 몸은 놀랄 만큼 순순히 변화에 적응합니다.

① 보폭을 정돈한 걷기
② 리듬을 살린 슬로 조깅(Slow Jogging)
③ 거리ㆍ시간을 조율한 러닝

문제는 러닝에 대한 정보를 이곳저곳에서 얻다 보니 '무엇부터, 어떻게'가 뒤죽박죽된다는 점입니다. 이 책은 과학적 근거와 현장 경험을 엮어 초보 러너에게 꼭 필요한 지식을 갑작스러운 오르막 없이 단계적으로 구성했습니다.

'STEP 1 걷기' 파트에서는 심혈관ㆍ대사 건강을 살리는 최적의 보폭과 속도를 알려드립니다. 막연히 많이 걸어야 좋다고 말하는 것이 아니라 올바른 발바닥 사용법, 걷기 속도로 자신의 건강 상태를 체크하는 법, 잘못된 걷기 자세 교정법 등을 상세히 담아 건강한 러닝의 기초가 되는 최적의 보폭과 속도를 찾아나가도록 안내합니다. STEP 1의 후반부에는 걷기 능력을 향상을 위한 4주 프로그램을 실어 하루 30분, 주 3회 투자로 다음 스텝인 슬로 조깅을 무리 없이 할 수 있는 수준으로 신체 능력을 끌어올려주는 한 달짜리 로드맵을 제시했습니다.

'STEP 2 슬로 조깅' 파트에서는 케이던스(1분당 발바닥이 지면에 닿는 수) 조절만으로 운동의 부하를 낮추고 효율을 높이는 기술을 소개했습니다. 이 기술을 꾸준히 연습하면 호흡이 편안한데도 속도가 저절로 붙는 경험을 하게 됩니다. STEP 1이 기초적인 자세 바로잡기와 적정한 속도 찾기에 초점을 맞췄다면, STEP 2에서는 '운동의 강도' 개념에 집중해 독자들이 자신의 몸에 최적화된 걷기와 러닝 포지션을 찾을 수 있도록 돕습니다. STEP 2의 후반부에는 케이던스를 서서히 끌어올리는 8주 프로그램을 실어 '기초 구축 → 리듬 고정 → 거리 확대 → 속도 향상'의 네 단계로 나아가며 차츰 운동 강도를 높일 수 있도록 안내했습니다.

'STEP 3 러닝' 파트에서는 본격적인 러닝 퍼포먼스를 향상시켜주는 근력 강화법, 부상 예방법, 회복 루틴 등에 대해 상세히 알려드립니다. 꾸준히 러닝을 이어가려면 '훈련과 회복'을 적절한 비율로 실행해 내 몸에 무리를 가하지 않아야 합니다. 이를 위해 STEP 3에서는 근력 강화를 위한 다양한 운동법, 지속 가능한 러닝을 위한 트레이닝 드릴과 거리 증량 노하우, 다양한 착지법 가이드, 올바른 러닝화 선택 기준, 부담 없는 러닝을 위한 호흡의 기술, 스트레칭·근막 이완·아이싱 등의 회복 루틴, 수면 위생 및 영양 가이드, 러너들이 자주 겪는 고질적인 부상과 그 대처법, 안

　　　　　100년 쓰는 몸을 만드는 걷기와 달리기

정적인 러닝을 돕는 테이핑 기술 등을 아낌없이 알려드리고자 했습니다.

　무엇보다 이 책은 '부상 제로'를 최우선 가치로 삼았습니다. 각 장마다 잘못된 자세의 사례와 이를 교정할 수 있는 구체적인 방안을 제시해 꼭 피해야 하는 것, 하지 말아야 할 것을 분명히 했습니다. 운동 가이드에서 가장 중요한 것은 실용성입니다. 이를 위해 독자들이 실전 연습을 할 때 도움이 되도록 다양한 드릴 영상을 시청할 수 있는 QR 코드를 삽입했습니다. 또한, 체계적인 러닝을 보조해줄 주간 기록표 및 체크리스트도 넣었습니다. 회복 루틴에 관한 내용도 비중 있게 다루어 걷거나 뛰고 난 다음 날에도 충분히 휴식하고 기분 좋게 일어날 수 있도록 배려했습니다.

　이제 준비물은 단 하나, '오늘 바로 한 걸음'입니다. 책을 펼치는 순간부터 동네 산책로, 공원 흙길, 학교 운동장이 모두 당신을 위한 트랙으로 변합니다. 넘어짐이 두렵다면 속도를 늦추고, 숨이 차면 걸음을 줄이면 됩니다. 중요한 것은 계속 앞으로 나아가는 것입니다. 이 책이 여러분의 첫발에 작은 확신을 더하고, 오래 걷고 달릴 수 있는 지혜를 전해드리길 바랍니다. 자, 이제 신발 끈을 매고, '나에게 맞는 속도'로 함께 길을 떠나볼까요?

차례

RUN!
RUN!
RUN!
RUN!

운동을 시작하기 전에

유산소 운동, 건강을 지키는 가장 과학적인 방법

중년 이후의 몸은 이전과 전혀 다른 방식으로 반응합니다. 근육량은 매년 줄고, 지방은 더 쉽게 쌓이며, 혈관과 관절은 부드러움을 잃어가죠. 이 변화는 눈에 보이는 체력 저하를 넘어 대사 질환과 근골격계 질환의 위험 증가, 그리고 삶의 질 전반의 하락으로 이어집니다. 유산소 운동, 그중에서도 슬로 러닝과 조깅 중심의 러닝은 이 세 가지 문제를 동시에 해결하는 가장 효과적이고 안전한 방법입니다.

뇌를 건강하게 하는 유산소 러닝의 효과

러닝은 단순히 체력 향상뿐 아니라 뇌 구조와 기능을 변화시키는 운동으로 알려져 있습니다. 유산소 운동을 하면 뇌에서 BDNF(Brain-Derived Neurotrophic Factor)라는 신경 성장 인자가 증가합니다. 이 물질은 신경세포의 성장과 연결을 촉진해 기억력과 학습 능력을 향상시키는 역할을 합니다.

또한, 러닝은 기억을 담당하는 뇌의 해마(hippocampus) 부위에 신경 생성과 혈류를 증가시켜 뇌에 산소와 영양이 원활하게 공급되도록 해줍니다. 이러한 변화는 우울증 감소, 스트레스 완화, 인지 기능 유지, 치매 예방과 같은 효과와 관련이 있는 것으로 보고되었습니다.

대사 질환을 예방하는 유산소 러닝의 효과

중년에게 가장 흔한 대사 질환은 고혈압, 당뇨병(제2형), 복부 비만, 고지혈증, 지방간, 대사 증후군입니다. 슬로 러닝이나 조깅과 같은 유산소 운동은 이 병들의 핵심 원인을 적절하게 조절합니다.

혈당을 안정시키고 인슐린 저항성을 개선한다

중년 이후 혈당이 쉽게 높아지는 이유는 근육의 사용량이 줄어 포도당을 받아들이는 능력 자체가 낮아지기 때문입니다. 슬로 러닝과 같은 유산소 운동은 골격근의 포도당 흡수량을 증가시키고,

혈당을 낮추는 인슐린 호르몬의 효율성을 증가(인슐린 감수성 향상)시킵니다. 또한, 간에서 포도당 생성을 감소시킴으로써 당뇨병 발생 위험을 실질적으로 줄입니다. 운동 후 인슐린 감수성은 24~48시간 지속되기 때문에, 꾸준한 러닝은 혈당을 장기간 안정적으로 유지하게 만듭니다.

복부 지방을 줄여 대사 증후군을 억제한다

대사 질환의 출발점은 대부분 복부의 내장 지방입니다. 슬로 러닝과 조깅은 지방을 연료로 쓰는 비율이 높아 내장 지방 연소에 가장 효과적인 운동입니다. 이는 허리둘레와 염증 수치를 감소시키고, 인슐린 저항성을 개선하며, 심혈관 위험 감소와 직결됩니다. 하루에 러닝을 30~40분만 해도 체내 지방산 동원이 증가하고, 12주만 실천해도 복부 지방량이 눈에 띄게 감소합니다.

혈압을 낮추고 혈관을 젊게 만든다

슬로 러닝이나 조깅과 같은 유산소 운동은 혈관을 확장시키는 물질인 산화질소(NO)의 분비를 증가시켜 혈압을 안정적으로 낮춥니다. 또한, 혈관 내피의 기능 개선, 말초혈관 저항의 감소, 심박수·혈압 변동성의 감소 등으로 이어져 고혈압의 만성화를 막습니다. 따라서 약을 복용할 때처럼 부작용이 없고, 꾸준히 할수록 약효가 커지는 '자기 관리형 치료제'라고 할 수 있습니다.

지방간·고지혈증을 개선한다

슬로 러닝이나 조깅과 같은 유산소 운동은 지방 대사의 효율을 높여 중성지방의 감소, HDL(좋은 콜레스테롤)의 증가, 간 내부의 지방 축적 감소를 이끕니다. 특히 중년에서 흔한 비알코올성 지방간은 유산소 운동만으로도 20~30% 정도 감소한다는 연구들이 있습니다.

근골격계 질환을 예방하는 유산소 러닝의 효과

러닝은 흔히 관절에 부담을 주는 운동으로 오해되지만, 제대로 된 속도·기술·강도로 실시하면 오히려 근골격계의 기능을 회복시켜주고 근골격계 질환을 예방합니다.

관절 주변 근육을 강화해 '움직임 안정성'을 만든다

슬로 조깅처럼 충격이 낮은 러닝은 엉덩이 근육, 햄스트링, 종아리 근육(비복근·가자미근), 발의 아치 근육을 자연스럽게 활성화시킵니다. 이 근육들은 무릎, 발목, 허리의 안정성을 유지하는 핵심 근육입니다. 근육이 제 역할을 하면 관절에 가해지는 스트레스가 줄어들고, 무릎 통증, 아킬레스건염, 족저근막염, 허리 통증 같은 부상 위험이 크게 줄어듭니다.

관절의 혈류 증가로 회복이 빨라진다

슬로 러닝이나 조깅과 같은 유산소 운동은 관절 · 힘줄 · 인대로 가는 혈류를 증가시켜 조직의 미세 손상이 회복되는 속도를 높입니다. 중년의 회복력이 떨어지는 가장 큰 이유는 혈류 저하 때문입니다. 러닝을 통해 혈액순환이 좋아지면 연골 · 힘줄 조직의 대사 활동도 활발해져 만성 통증이 감소하고, 관절의 뻣뻣함이 완화되며, 운동 후 피로 회복력이 향상됨을 경험할 수 있습니다.

움직임 습관을 좋은 패턴으로 교정한다

러닝은 발의 착지, 무릎의 정렬, 골반 안정, 흉추 회전 같은 자연적 움직임을 반복적으로 연습하게 만듭니다. 이는 나쁜 움직임 습관을 자연스럽게 좋은 패턴으로 교정하는 효과가 있습니다. 특히 슬로 러닝은 낮은 강도로 오래 지속하는 운동이기 때문에 잘못된 패턴으로 인한 부상 위험 없이 좋은 움직임을 되살릴 수 있습니다.

삶의 질을 높이는 유산소 운동의 전신적 효과

유산소 운동은 건강의 3대 축인 '에너지 시스템, 정신 건강, 수면'을 동시에 개선합니다.

에너지 시스템을 개선해 하루를 지탱한다

슬로 러닝이나 조깅과 같은 유산소 운동은 지방 산화를 촉진해 지속적인 에너지 생산 능력을 높입니다. 이 능력이 좋아지면 쉽게 피로하지 않고 장시간 활동이 수월하며 하루 종일 컨디션이 안정적으로 유지됩니다. 중년이 자주 느끼는 '기운 없음'의 근본적인 원인은 유산소 대사 능력의 저하입니다. 러닝은 이 문제를 정면으로 해결합니다.

스트레스·우울감·불안이 줄어든다

슬로 러닝이나 조깅과 같은 유산소 운동은 뇌에서 엔도르핀, 세로토닌, 도파민 같은 기분 조절 호르몬의 분비를 활성화합니다. 그로 인해 뇌 혈류가 증가하면서 집중력과 의사결정 능력이 향상됩니다. 이 변화는 중년 이후 더욱 뚜렷하게 나타나며, 여러 연구에서도 항우울제와 유사한 효과가 있다고 보고되었습니다.

수면의 질이 높아진다

수면은 대사·근골격·면역 기능을 회복시키는 핵심 활동입니다. 슬로 러닝이나 조깅과 같은 유산소 운동은 깊은 수면 증가, 입면 시간 감소, 새벽 각성 감소를 통해 수면의 전체적인 질을 높입니다. 즉, 러닝은 간접적으로 모든 건강 지표를 상승시키는 작용을 합니다.

몸이 유산소 운동에 적응하는 원리

유산소 운동은 단순히 숨을 몰아쉬며 걷거나 뛰는 행동이 아닙니다. 반복되는 유산소 자극은 신체 내부의 모든 시스템을 변화시키고, 더 적은 에너지로 더 많은 활동을 할 수 있는 구조로 몸을 재설계합니다. 이는 단순히 '체력이 좋아졌다'라는 말로 표현할 수 없는, 훨씬 복잡하고 과학적인 적응의 과정입니다. 이 책에서 제시하는 3단계 점진적 훈련법은 이 적응이 차곡차곡 쌓이는 방식에 주목하고, 중년 이후의 몸이 어떻게 달라지는지를 이해하는 것에서 시작합니다.

심장이 먼저 바뀐다: 더 강하고 효율적인 펌프로

유산소 운동을 반복하면 심장은 더 적은 힘으로 더 많은 혈액을 보내는 능력을 갖게 됩니다. 심장은 일정 시간 동안 반복된 부하를 파악하고, 그 요구에 맞게 스스로를 강화하는 적응을 시작합니다. 심장의 내부는 더 유연하게 확장되고, 강하게 수축하는 능력이 강화됩니다. 그 결과, 심장이 한 번 수축할 때 내보내는 혈액량(스트로크 볼륨)이 증가하고, 안정 시 심박수는 점점 낮아집니다.

이는 평소에도 심장에 걸리는 부담을 줄이고, 운동 중에는 더 많은 산소를 근육으로 보내 체력이 한계에 달하는 시점을 늦춥니다. 이 변화는 중년에게 특히 중요합니다. 나이가 들수록 심장이 단단해지고 혈압이 올라가는데, 유산소 운동을 지속적으로 하면 심장이 다시 부드럽고 탄력 있게 변화해 고혈압, 협심증 같은 심혈관 질환의 위험이 낮아집니다.

혈관이 열린다: 산소가 흐르기 좋은 길로

심장이 강해져도 피가 지나가는 길이 좁고 딱딱하다면 그 효과는 제한적입니다. 유산소 운동은 혈관의 안쪽 기능을 개선하며 혈류가 더욱 부드럽게 흐르도록 만듭니다.

운동을 하면 혈관은 반복적인 확장과 수축을 경험하며 산화질소라는 혈관 확장 물질의 분비가 늘어납니다. 그 결과, 혈관은 더 빨리, 더 넓게 열립니다. 작은 혈관 역시 새로운 가지(모세혈관)를 만들어 근육 깊숙한 곳까지 산소를 공급합니다.

이 과정은 혈압을 낮추고, 손발 저림·두통 같은 혈류 부족 증상을 개선하며, 장기적으로는 심혈관 질환 예방에 직접적인 효과를 발휘합니다.

근육이 바뀐다: 오래 움직여도 지치지 않는 조직으로

유산소 운동의 핵심 적응은 근육 내부에서 가장 크게 일어납니다. 꾸준히 유산소 운동을 하면 근육 속에서 에너지를 만들어내는 작은 공장인 미토콘드리아(mitochondria)의 수와 크기가 증가합니다. 미토콘드리아는 산소를 이용해 지방과 탄수화물을 분해하여 ATP(아데노신삼인산)라는 에너지를 만들어내는 기관으로, 유산소 운동을 반복할수록 이 에너지 생산 시스템의 효율이 높아집니다. 그 결과, 같은 강도의 운동을 하더라도 에너지를 더 안정적으로 공급할 수 있어 근육의 피로가 늦게 나타나고, 장거리 걷기나 조깅처럼 지속적인 움직임을 더 오래 유지할 수 있게 됩니다.

또한, 유산소 운동은 근육 속 모세혈관의 밀도를 증가시켜 산소와 영양 공급 능력을 높이고, 운동 중 발생하는 이산화탄소와 대사 노폐물을 빠르게 제거하도록 돕습니다. 이와 함께 근육은 탄수화물뿐만 아니라 지방을 에너지원으로 사용하는 능력이 향상되어 에너지 대사가 더욱 효율적으로 바뀝니다. 이러한 생리적 적응은 장시간 운동을 할 때 에너지 고갈을 늦추고 지구력을 높이며, 대사 질환 예방과 체지방 감소에도 중요한 역할을 합니다.

평생 잘 걷고 뛰기 위한 7가지 마인드 세팅 전략

　운동을 오랫동안 지속하는 사람과 중간에 멈추는 사람의 차이점은 운동 능력이 아니라 '꾸준함'에 있습니다. 특히 중년 이후에는 의지가 약해서 운동을 못하는 것이 아니라 몸과 마음이 예전과 다르게 반응하기 때문에 운동을 지속하는 것이 어려워집니다. 체력은 떨어지고, 회복은 느려지고, 시간과 에너지는 항상 부족하니까요.

　이런 환경에서 러닝을 꾸준히 하려면 의지력보다 마인드 세팅 전략이 필요합니다. 꾸준함을 만드는 심리 전략은 목표 설정, 평계 극복, 신체와 마음의 관리, 루틴 설계가 복합적으로 이루어져야 합니다. 다음은 매일 흔들리지 않고 운동하는 습관을 유지하기 위한 일곱 가지 핵심 방법들입니다.

① '꾸준함'의 심리적 원리를 이해하라

꾸준함은 의지력으로 만들어지지 않습니다. 심리적 원리를 이해하고 그에 따라 적절하게 환경을 설계한 결과입니다. 다음은 러너들이 실제로 그 효과를 가장 많이 체감하는 심리 컨트롤 원리입니다.

정체성 세팅

'나는 러닝하는 사람이다'라는 자기 정체성을 갖는 순간, 행동은 자연스럽게 뒤따릅니다. 정체성은 습관을 유지하는 가장 강력한 힘입니다. 기록이 조금 부진하거나 바쁜 날에도 스스로의 정체성을 러너라고 상기하면 '그래도 나는 움직이는 사람이야'라는 마음이 만들어져 운동 중단의 위기를 넘기게 됩니다.

기록의 힘

훈련 일지, 체크리스트, 달력 표시 등 눈에 보이는 기록은 의지력보다 강합니다. 사람에게는 스스로 만든 연속성을 끊기 싫어하는 심리(일관성의 법칙)가 있습니다. 기록은 꾸준함을 시각적 신호로 만들어내는 가장 확실한 도구입니다.

운동 후의 작은 보상(좋아하는 커피, 따뜻한 샤워, 완주 체크 등)은 행동의 쾌감을 뇌에 남깁니다. 이 보상이 반복되면 뇌는 자연스럽게 '러닝=좋은 경험'으로 학습합니다. 보상 시스템은 습관 메커니즘을 강화합니다.

② 행동의 문턱을 낮춰 '실행이 쉬운 환경'을 만들어라

운동을 꾸준히 하려면, 실행의 문턱을 낮추는 것이 필수입니다. 아무리 좋은 계획을 세워도 막상 시작하기 어려운 날이 더 많았던 기억이 다들 한 번쯤은 있으실 텐데요. 이를 극복하는 강력한 방법은 '프릭션 제거(마찰 없애기)'입니다. 이를테면, 러닝화를 현관 앞 눈에 잘 보이는 공간에 두고, 운동복은 미리 꺼내놓고, 운동 시간은 일정표에 고정해두는 작은 준비들을 통해 행동의 문턱을 깎아내는 것입니다.

선택의 상황을 줄이는 것도 중요합니다. '나갈까 말까 고민하는 시간'이 줄어들면 행동은 훨씬 쉬워집니다. 규칙을 자동화하는 것 역시 큰 도움이 됩니다. '화·목·토 저녁 8시 러닝'처럼 고정 루틴을 만들면 뇌는 아예 결정을 하지 않아도 됩니다.

③ 내적 동기를 설정하라

장기적으로 꾸준함을 유지하는 힘은 외적인 보상이 아니라 내적 동기에서 나옵니다. 내적 동기는 '기록', '성취', '칭찬'이 아니라 '나에게 어떤 의미가 있는지'에서 비롯됩니다. 러닝을 지속하는 사람들에게는 공통된 이유가 있습니다. 건강을 지키고 싶어서, 스트레스를 줄이고 싶어서, 더 오래 걷고 뛰며 살고 싶어서, 나답게 살기 위해서 등 삶의 중심 가치를 건드리는 이유들입니다. 이 의미를 자주 떠올릴수록 운동의 동력은 강해집니다.

④ 운동을 '장기적 관점'으로 바라보라

운동은 단기 목표가 아닙니다. 특히 중년 이상 세대에게 러닝은 몸을 혹사시키는 활동이 아니라 앞으로의 삶을 건강하게 유지하기 위한 '신체 투자'입니다.

러닝을 단기 성과로 바라보면 거리와 속도에 집착하게 되고, 결국 부상과 에너지의 소진으로 운동을 중단하게 됩니다. 하지만 평생 습관으로 바라보면 강도와 목표 설정이 완전히 달라집니다. 다음은 평생 잘 걷고 달릴 수 있는 몸을 만들기 위한 장기적 관점의 러닝 습관입니다.

관절과 근육을 보호하는 방식으로 운동한다

무리한 페이스, 과도한 훈련량, 회복 시간 부족은 관절과 힘줄에 치명적입니다. 평생 잘 걷고 달리는 사람들은 1년 내내 큰 부상 없이 운동을 지속하는 사람들입니다. 완주 횟수가 많거나 기록이 빠른 사람이 아니라 부상 없이 꾸준히 움직이는 사람이 진짜 실력자입니다.

운동 수명을 길게 보는 사고방식을 지닌다

운동은 젊을 때 몰아서 하는 것이 아니라 50대·60대·70대까지 이어져야 합니다. 심폐 기능과 근골격계의 건강이 함께 유지되는 사람은 치매·심장 질환·골관절 질환의 위험이 낮아지고, 삶의 질도 월등히 높습니다. 운동 수명을 길게 보는 사람은 순간의 무리보다 지속 가능한 페이스를 선택합니다.

몸의 신호를 읽는 능력을 기른다

중년 이후 러닝은 몸의 감각을 예민하게 알아채는 훈련입니다. 피로 누적, 무릎의 미세 통증, 근육의 뻣뻣함 같은 작은 신호들을 무시하지 않으면 부상은 대부분 예방이 가능합니다. 러닝을 가능하게 하는 능력의 절반은 체력이고, 나머지 절반은 신체감각을 다루는 기술입니다.

⑤ 숫자보다 '루틴'을 기록하라

운동 목표를 설정할 때 대부분은 '이 정도는 해야지' 하며 부담감부터 갖고 합니다. 한 번에 적어도 5km는 뛰어야 할 것 같고, 일주일에 세 번 이상 뛰어야 할 것 같고, 한 번 달릴 때마다 적어도 40분은 채워야 한다는 목표를 세우는 식이죠. 하지만 이런 숫자 중심 목표는 꾸준한 러닝을 어렵게 합니다. 숫자 중심 목표는 컨디션이 조금만 나빠도 지키기 어렵고, 한 번 목표 달성에 실패하면 금세 자기 비난과 회피로 이어집니다.

꾸준하게 달리는 사람들은 목표를 다르게 정합니다. 이들은 '완벽한 한 번보다, 불완전한 열 번을 더 중요하게' 생각합니다. 즉, 수행량이 아니라 루틴 자체를 목표로 삼습니다.

예를 들어 '매일 3km'가 아니라 '매일 러닝복을 입고 10분은 움직인다'라는 목표가 훨씬 지속 가능합니다. 일단 시작만 하면 10분이 20분이 되고, 2km가 3km가 되는 경우가 많습니다. 반대로 부담스러운 목표는 시작 자체를 어렵게 만듭니다.

루틴 기반 목표는 세 단계로 구성됩니다. 첫째, 최소 행동 목표를 정합니다. 당일 컨디션이 최악이어도 가능한 수준이어야 합니다. 예를 들어 '러닝화 신고 5분 걷기'처럼 실패할 수 없는 기준을 만듭니다. 둘째, 트리거(Trigger)를 만듭니다. 트리거는 행동을 자동으로 불러오는 신호입니다. 아침 커피를 마신 뒤 스트레칭 2분, 퇴근 후 옷을 갈아입자마자 워밍업 5분처럼 '앞 행동-뒤 행동'을 연결하면 루틴이 쉽게 자리를 잡습니다. 셋째, 루틴이 지켜진 날을 기록합니다. 러닝 거리나 속도가 아니라 '실행 여부'를 체크하면 연속성에 대한 동기부여가 올라갑니다. 앞서 사람은 스스로 만든 연속 기록을 끊는 것을 싫어한다고 언급했습니다. 바로 이 심리를 활용하는 것이죠.

⑥ 운동을 방해하는 자기 합리화, 이렇게 정면 돌파하라

운동을 지속하지 못하는 것은 게으름 탓이 아닙니다. 대부분은 자기 합리화(핑계)가 너무 자연스럽게 작동하기 때문입니다. "오늘만 쉬자"라는 말 속에는 피곤함, 시간 부족, 날씨, 업무 스트레스처럼 수많은 이유가 숨어 있습니다. 중요한 것은 핑계를 없애는 것이 아니라 핑계를 이길 수 있는 구체적인 해결책을 준비하는 것입니다.

시간 부족

해결책은 '10분 루틴'입니다. 10분은 누구나 쉽게 낼 수 있는 작은 시간이지만, 막상 운동을 시작하면 10분으로 끝나지 않습

100년 쓰는 몸을 만드는 걷기와 달리기

니다. 매일 10분 루틴을 유지하면 한 달 뒤 자신도 모르는 사이에 200~300분만큼의 운동 시간이 쌓입니다.

피곤함

컨디션이 나쁜 날은 강도가 낮은 슬로 러닝이나 짧은 걷기로 대체합니다. 대체 계획(플랜 B)을 미리 만들어두면 피로하다는 이유로 운동을 중단하게 되지 않습니다.

날씨

비·바람·추위·더위 등은 운동을 미루게 하는 탁월한 핑곗거리입니다. 해결책은 운동이 가능한 실내 환경을 확보하는 것입니다. 실내 러닝머신, 계단 오르기, 실내 걷기 루틴 등 날씨 영향을 받지 않는 대체 루틴을 갖추면 꾸준한 운동이 가능합니다.

장비

"러닝화가 낡았어", "바지가 불편해" 등 장비 핑계는 생각보다 강력합니다. 해결책은 미니멀 장비 철학입니다. 러닝은 좋은 신발 하나만 있으면 언제든 시작할 수 있습니다. 장비를 완벽히 갖춰야만 운동하는 사람보다 아무 장비가 없어도 일단 나가서 뛰는 사람이 훨씬 오랫동안 운동을 지속합니다.

러닝의 가장 큰 벽은 운동 '중'이 아니라 운동 '시작 전'에 있습니다. 해결책은 '5분 시작 원칙'입니다. 5분만 하겠다고 마음먹으면 뇌가 저항을 줄이고, 시작 후 5분이 지나면 자동으로 몸이 움직입니다. 핑계를 완전히 없애려고 하지 마세요. 대신 핑계를 '넘어갈 수 있는 작은 문턱'으로 바꿔두는 것이 꾸준한 운동의 비밀입니다.

⑦ 운동 중단을 막는 '안전장치'를 설치하라

꾸준함의 핵심은 '완전히 멈추지 않는 것'입니다. 그러기 위해서는 운동 중단을 막는 몇 가지 안전장치를 두어야 합니다. 다음은 상황에 따른 플랜 B의 예시입니다.

- 너무 피곤한 날에는 10분 걷기
- 무릎에 통증이 있을 때는 슬로 조깅으로 대체하기
- 바쁜 날에는 스트레칭 5분만이라도 하기
- 주말에 한 번 루틴 정리하기
- 피로 누적 시 회복일 확보하기

　이러한 플랜 B는 꾸준함을 이어주는 구명줄 같은 역할을 합니다. 꾸준함을 유지하는 비결은 의지가 아니라 설계입니다. 러닝을 꾸준히 한다는 것은 단순히 몸을 움직이는 활동이 아니라 평생의 건강한 삶을 설계하는 일입니다. 특히 중년 이후의 러닝은 기록보다 루틴이 중요하고, 강도보다 지속이 중요하며, 단기 성과보다 평생의 건강 수명이 더 중요합니다.

　꾸준함은 의지가 강한 사람만의 전유물이 아닙니다. 목표 설정 방식, 환경 설계, 평계 관리, 회복 전략, 내적 동기 등의 여러 요소들이 긍정적으로 맞물려 선순환 구조를 구축할 때, 누구나 꾸준히 달리는 일상이 가능해집니다. 러닝에는 삶을 바꾸는 힘이 있습니다. 그리고 그 변화는 '꾸준함'이라는 아주 작은 반복에서 시작됩니다.

퍼펙트 러닝 준비운동 3단계

유산소 운동에서 준비운동은 단순히 몸을 '푸는' 과정이 아니라 심박수와 근육 온도를 점진적으로 높여 부상을 예방하고, 신체를 효율적인 움직임 상태로 전환시키는 핵심 단계입니다. 이 과정은 개인의 체력 수준에 따라 다르게 적용되어야 하며, 일반적으로는 '걷기 → 슬로 조깅 → 러닝'으로 자연스럽게 이어지는 형태가 가장 이상적입니다.

1단계: 걷기

체력 수준이 낮거나 운동을 처음 시작하는 사람에게는 걷기가 기본입니다. 걷기에서는 발바닥이 '뒤꿈치(Heel) → 중족(Midfoot)

→ 앞꿈치(Toe)' 순으로 지면에 닿습니다. 이 롤링 패턴은 충격을 완화하고 관절에 무리를 주지 않으면서도 근육과 인대의 긴장을 자연스럽게 풀어줍니다. 한 발이 항상 지면에 닿아 있기 때문에 충격량은 체중의 약 1~1.2배로 낮고, 케이던스(1분당 걸음 수)는 약 100보 내외입니다. 운동 강도는 최대 심박수의 50~60% 수준으로 가볍지만, 혈류를 증가시키고 근육 온도를 높이며, 본 운동을 위한 순환계 워밍업을 돕는 가장 안정적인 출발점입니다.

2단계: 슬로 조깅

조금 더 운동에 익숙해진 초보자는 걷기에서 한 단계 발전한 슬로 조깅을 준비운동으로 삼을 수 있습니다. 이 단계에서 발의 착지는 뒤꿈치에서 중간 또는 앞쪽으로 이동하며, 중족 착지가 중심이 됩니다. 이렇게 되면 근육과 힘줄이 충격을 흡수하는 완충 역할을 해서 무릎과 고관절에 가해지는 부하가 줄어듭니다. 케이던스는 170보 내외로 증가하고, 심박수는 최대 심박수의 60~75% 수준으로 올라갑니다. 몸의 온도와 신경의 반응성이 높아지면서 근육의 탄성, 보폭 조절, 리듬 감각이 활성화됩니다. 이 시점부터는 단순한 워밍업을 넘어 러닝으로의 전환이 준비됩니다.

3단계: 러닝

러닝에 익숙한 중급자 이상은 느린 러닝 자체를 준비운동으로 활용합니다. 이때 갑작스럽게 속도를 내지 않고, 짧은 보폭과 170~180보의 빠른 케이던스를 유지하면서 점진적으로 심박수를 높입니다. 숙련된 러너는 주로 중족 또는 앞꿈치로 착지해 충격을 흡수하고, 발목·무릎·고관절의 근육이 동시에 작동해 착지 시 충격을 줄이고 추진력을 만들어내는 역학적 연결을 완성합니다.

이 단계에서 충격량은 체중의 약 2.5~3배로 증가하지만, 근력과 코어 안정성이 충분하면 에너지 손실 없이 효율적인 러닝 리듬이 만들어집니다. 운동 강도는 최대 심박수의 75~90% 이상으로 올라가며, 산소 섭취량과 순환 능력이 최고 수준에 도달합니다.

이처럼 걷기에서 슬로 조깅, 그리고 러닝으로 이어지면서 발의 사용 방식은 뒤꿈치 중심에서 중족·앞꿈치 중심으로 바뀌고, 케이던스는 빨라지며, 충격량과 운동 강도도 점진적으로 증가합니다. 이와 같은 단계적 접근은 단순히 운동 강도를 높이는 과정이 아니라 신체가 중력과 체중 부하에 적응하며 점차 효율적인 움직임 패턴을 만들어가는 과정입니다.

걷기 단계에서는 안정과 순환을, 슬로 조깅에서는 근육의 활성화와 협응을, 러닝에서는 추진력과 퍼포먼스를 준비합니다. 결국

이 세 단계의 흐름은 심폐 지구력, 근력, 그리고 신경 조절 능력을 동시에 끌어올려 부상 없이 효율적인 러닝을 수행하게 만드는 과학적 워밍업 과정이라 할 수 있습니다.

구분	발바닥 사용	케이던스 (보/분)	착지 충격량	운동 강도	특징
걷기	뒤꿈치 → 중족 → 앞꿈치	90~110	체중의 1~1.2배	50~60% (저강도)	관절 부담 적음, 회복 및 기초 체력
슬로 조깅	앞꿈치 착지 → 중족	160~180	체중의 1.5~2배	60~75% (중강도)	체지방 연소, 부상 위험 낮음
러닝	중족 또는 앞꿈치 중심	170~190	체중의 2.5~3배	75~90% (중~고강도)	추진력 높음, 부상 예방 필요

걷기, 슬로 조깅, 러닝의 특징

RUN!
RUN!
RUN!
RUN!

걷기

내 몸에 최적화된
보폭과 속도를 찾아라

걷기가 우리 몸에 좋은 이유

스마트폰 알림은 손끝을 바쁘게 하지만 발걸음은 멈추게 합니다. 언제든 차가 문 앞까지 데려다주니 걸을 이유가 사라졌습니다. 엘리베이터의 편리함에 익숙해지니 계단은 텅 비었습니다. 길마다 늘어선 배달 오토바이는 외식을 하러 밖으로 나가 걷는 시간마저 줄였습니다. 도시의 거리는 매연 냄새와 시끄러운 소음으로 산책의 설렘을 잊게 합니다.

하루 10분 루틴으로 굳은 다리를 가볍게

걷는 방법을 잊은 굳은 다리는 작은 돌부리에도 걸려 넘어지며 삐끗하기 쉽습니다. 발바닥부터 이어진 근막이 뻣뻣해지면 허리까지 당김이 전해집니다. 이때 폼롤러로 종아리를 30초 정도 천천히 굴려 굳은 혈류를 깨워주세요. 이어서 발바닥을 테니스공 위에 올리고 앞뒤로 1분 정도 굴려서 족저근막을 풀어주세요. 허리가 뻐근하다면 폼롤러를 등 아래에 두고 팔을 머리 위로 뻗어 20초 정도 호흡하세요.

근막 이완을 했다면 이제 스트레칭을 할 차례입니다. 먼저 런지(Lunge) 자세로 무릎을 세워 스트레칭을 하며 고관절 굴곡근을 앞으로 밀며 20초 정도 늘려주면서 앉은 자세의 굴곡을 펴주세요. 이제는 햄스트링을 스트레칭합니다. 의자에 발을 올리고 상체를 천천히 숙여 15초간 유지합니다. 종아리 벽 스트레칭을 20초간 하면 발뒤꿈치의 긴장이 풀어져서 내딛는 첫걸음이 부드러워집니다. 이 정도의 스트레칭만으로도 걸음의 탄력이 회복됩니다.

이렇게 매일 '하루 10분 루틴'을 지키면 다리가 가벼워져서 외출이 설렙니다.

    100년 쓰는 몸을 만드는 걷기와 달리기

걷기는 우리 몸이 빚어내는
종합 예술이자 가장 건강한 습관이다

걷기는 단순한 일상 동작 같지만, 실제로는 인체의 정교한 과학이 담긴 움직임입니다. 한 걸음을 내딛는 동안 발, 무릎, 엉덩이, 척추, 팔, 시선까지 온몸의 관절과 근육이 순차적으로 협응하며 균형을 유지하죠. 이 과정에서 신경계는 근육에 정확한 타이밍으로 신호를 보내고, 발은 지면의 충격을 흡수하며 추진력을 만들어냅니다. 이처럼 걷기는 인체의 구조와 기능이 어우러지고, 신경 조절이 동시에 작동하는 복합적인 운동이기 때문에 '보행 과학(Gait Science)'이라고도 불립니다.

이쯤에서 걷기가 얼마나 복합적인 움직임인지를 보행 시 무게중심의 이동을 통해 설명하겠습니다. 사람이 걸을 때 몸의 무게중심은 한 지점에 고정되어 있지 않고, 보행 주기에 따라 계속 이동합니다. 먼저 수직 방향으로는 무게중심이 위아래로 파도처럼 움직이며, 보통 약 5cm 정도의 변화를 보입니다. 한 발로 몸을 지탱하는 중간 지지기에서는 무게중심이 가장 높아지고, 양발이 모두 지면에 닿아 있는 시기에는 무게중심이 가장 낮아집니다. 이 수직 이동은 보행 시 충격을 줄이고 에너지를 효율적으로 사용하기 위한 자연스러운 움직임입니다.

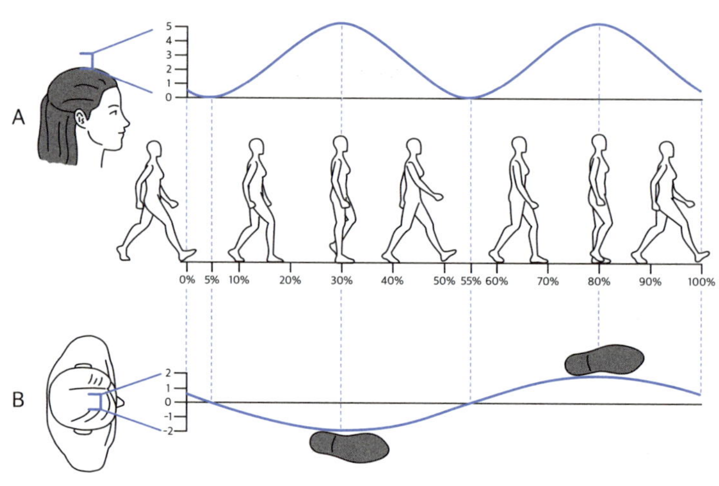

걸을 때의 무게중심 이동 변화

동시에 무게중심은 좌우 방향으로도 이동합니다. 체중이 오른발에 실리면 무게중심은 오른쪽으로, 왼발에 실리면 왼쪽으로 이동하며, 그 폭은 약 4cm 정도입니다. 이러한 좌우 이동은 지지하고 있는 발 위로 무게중심을 옮겨 균형을 유지하기 위한 필수적인 과정입니다. 결국 보행은 무게중심이 수직과 좌우로 부드럽게 이동하는 연속적인 과정이며, 이 리듬이 잘 유지될수록 걷기는 안정적이고 효율적으로 이루어집니다.

이와 같은 복잡하고도 오묘한 메커니즘을 가진 걷기를 이해한다는 것은 단순히 다리를 움직이는 방법을 아는 게 아니라, 사람이 어떻게 균형을 잡고 에너지를 효율적으로 쓰면서 앞으로 나아가는가를 이해하는 것입니다. 걷기는 가장 단순하지만, 인체의 움직임을 둘러싼 모든 과학이 담긴 완벽한 운동입니다.

게다가 걷기는 비용이 들지 않는 가장 쉬운 건강 습관입니다. 아침이나 저녁에 30분만 부지런히 걸으면 심장이 힘차게 펌프질 합니다. 이윽고 혈관 벽은 부드러워지고 혈압이 서서히 내려가죠. 걷는 동안 근육은 혈당을 태워 당뇨 위험을 낮춥니다. 세계보건기구(WHO)가 2024년에 발표한 보고서도 이 사실을 확인했습니다. 이 보고서에 따르면, 하루 30분 걷기로 심혈관 질환 가능성이 20~30% 줄었습니다. 제2형 당뇨병 역시 네 명 중 한 명꼴로 예방 효과가 있었습니다. 걷기를 하는 데는 운동 장비나 헬스장 회원권이 꼭 필요하지 않습니다. 편한 신발을 신고 집 근처 공원이나 길을 천천히 걸으면 됩니다. 밖으로 나가 오늘 당장 한 걸음을 내딛는 것, 그것이 가장 확실한 보약입니다.

우리의 건강을 망치는 좌식 생활

현대인은 하루의 대부분을 앉아서 보냅니다. 장시간의 좌식 생활은 단순히 운동 부족을 넘어 근육과 관절의 균형을 무너뜨리고 몸의 기능을 약화시킵니다. 오랫동안 앉아 있으면 엉덩이 근육과 코어는 약해지고, 고관절 앞쪽 근육은 짧아져서 골반이 앞으로 기울어집니다. 그 결과, 허리 통증, 무릎 통증, 엉덩이 근육의 기능 저하가 쉽게 나타납니다. 또한, 앉은 자세로 스마트폰이나 컴퓨터를 장시간 사용하는 동안 목은 앞으로 빠지고 어깨는 말리며, 척추의 정렬이 흐트러집니다.

이런 자세가 반복되면 거북목, 라운드 숄더, 요통 같은 근골격계 질환이 생깁니다. 혈액순환이 원활하지 않아 다리 부종이나 피로감도 쉽게 쌓이죠. 이처럼 좌식 생활은 몸의 움직임 패턴을 망가뜨리고, 운동을 할 때도 잘못된 자세와 보상 움직임을 유발합니다. 결국 우리 몸은 점점 올바른 움직임을 잃고 통증에 익숙해집니다. 건강한 러닝과 효율적인 움직임을 위해서는 먼저 오래 앉아 있는 습관을 줄이고, 자리에서 자주 일어나 걷고 스트레칭을 하며 몸의 균형을 회복하는 것이 필요합니다.

하루 종일 앉아 있으면 몸속 지표도 금세 나빠집니다. 의자에 8시간 앉아 있으면, 체내의 좋은 콜레스테롤(HDL)이 6%나 줄어듭니다. 혈당을 조절하는 인슐린 감수성도 11% 떨어집니다. 반대로 하루에 7000보만 걸어도 몸속 지표가 좋은 방향으로 바뀝니다. HDL 수치는 7%나 오르고 혈관이 한층 깨끗해집니다. 아침 공복 혈당도 8% 낮아져 당뇨 위험이 줄어듭니다. 즉, 걷기만 잘해도 나쁜 건강 수치를 좋게 바꿀 수 있습니다. 게다가 걷기는 특별한 장

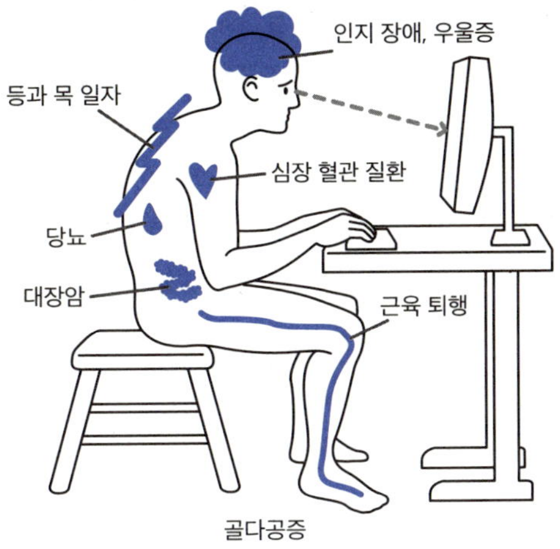

오랜 좌식 생활은 우리의 건강을 망치는 주범이다.

비나 긴 시간이 필요하지 않습니다. 점심시간에 하는 15분 산책, 퇴근 후 동네 한 바퀴 걷기만으로도 충분합니다. 의자에서 일어나 걷는 순간, 우리 몸은 즉시 건강한 쪽으로 방향을 틉니다.

걷기의 효능 ① 심장과 폐가 건강해진다

걷기는 몸에 무리를 주지 않으면서도 심장과 폐를 자연스럽게 단련시키는 대표적인 유산소 운동입니다. 꾸준히 걷는 동안 심장은 더 많은 혈액을 내보내기 위해 강하게 수축하고, 폐는 산소를 효율적으로 공급하기 위해 더 활발히 움직입니다. 이 과정이 반복되면 심장 근육의 기능이 강화되고 혈관의 탄력이 좋아져 혈압이 안정됩니다.

또한, 걷기는 혈액순환을 촉진해 체내 산소 공급을 늘리고, 혈중 콜레스테롤과 중성지방을 감소시켜 동맥경화를 예방합니다. 이런 변화들이 쌓이면 심장 질환, 고혈압, 당뇨병 같은 대사 및 심혈관 질환의 위험이 낮아집니다. 즉, 걷기는 심장과 혈관을 부드럽게 훈련시키는 가장 안전하고 효과적인 운동입니다.

약간 숨이 차는 속도로 30분만 걸어보세요. 이 강도는 최대 체력의 50~60%에 해당합니다. 걷는 동안 동맥벽이 넓어지는 '흐름-매개 확장'이 일어나는데, 한 번 넓어진 혈관은 하루 이상 부드러움을 유지합니다. 혈액이 매끄럽게 흐르니 심장 부담이 줄어들죠.

한 연구에 따르면, 일주일 동안 150분 걷기를 12주간 지속한 결과, 수축기 혈압이 평균 5mmHg(밀리미터에이치지) 내려갔습니다. 이는 혈압약 한 알을 추가로 더 복용했을 때의 효과와 비슷한 수치입니다. 따라서 고혈압 전 단계라면 걷기가 큰 도움이 됩니다. 오늘부터 걷기로 심장을 튼튼하게 만들어보세요.

걷기의 효능 ② 대사 질환을 예방한다

걷기는 우리 몸의 에너지 대사 기능을 활성화시켜서 대사 질환도 예방합니다. 걷는 동안 근육이 지속적으로 수축하며 포도당과 지방을 에너지원으로 사용하기 때문에 혈당이 안정되고, 인슐린이 효율적으로 작용하죠. 이로써 인슐린 저항성이 감소해 당뇨병을 예방합니다.

또한, 걷기는 혈액순환과 산소 소비량을 높여서 지방 연소를 촉진하고, 체지방과 내장 지방을 감소시킵니다. 지방이 줄어들면 간과 혈관의 부담도 줄어서 고지혈증과 지방간 위험도 함께 낮아집니다. 즉, 걷기는 혈당·지질·체지방 조절을 통해 대사 질환의 근본 원인인 에너지 불균형을 바로잡는 가장 자연스러운 치료이자 예방법입니다.

규칙적으로 걸으면 근육 세포의 문이 활짝 열리는데, 이 문을 여는 열쇠는 'GLUT-4'라는 수송체입니다. 걷기를 통해 근육 세포의 문이 열리면 그 안으로 혈당이 빠르게 유입돼 당화혈색소(HbA1c, 적혈구 내의 헤모글로빈에 포도당이 결합된 형태) 수치가 0.4%p 내려갑니다. 이는 당뇨 위험이 눈에 띄게 줄어든 수치입니다. 12주 동안 걷기를 꾸준히 한 사람들은 뱃속 지방의 양도 달라졌습니다. CT 검사에서 내장 지방이 $10cm^2$나 줄어든 것이 확인됐죠. 덕분에 허리띠를 한 칸이나 여유 있게 잠글 수 있었습니다. 식사 후 중성지방이 급등하는 시점도 2시간이나 늦춰졌습니다. 그 외에도 혈액 속 기름기 수치가 천천히 올라가 혈관 스트레스를 줄여줍니다. 요컨대 걷기는 몸속 대사를 건강하게 재설계하는 가장 손쉬운 방법입니다.

걷기의 효능 ③ 연령과 성별에 따른 이점들

걷기는 누구에게나 좋은 운동이지만, 연령과 성별에 따라 몸의 반응과 적응 과정은 조금씩 다릅니다. 젊은 층은 근육량과 대사율이 높아 걷기만으로도 체지방 연소와 심폐 지구력 향상의 효과가 빠르게 나타납니다.

반면, 중장년층은 근육량이 줄어들고 회복 속도가 느리기 때문에 걷기가 혈압 조절·혈당 안정·관절 가동성 회복에 더 큰 도움을 줍니다. 꾸준히 걸으면 노화로 감소한 근육과 뼈의 기능을 유지할 수 있습니다.

즉, 나이에 따라 몸이 걷기에 반응하는 방식은 조금씩 다릅니다. 20~30대는 걷기를 시작한 후 몇 주 만에 좋은 콜레스테롤 수치가 빠르게 오릅니다. 체지방률 역시 눈에 띄게 내려가 몸매 변

 100년 쓰는 몸을 만드는 걷기와 달리기

화가 금세 보입니다. 40~50대는 혈압과 허리둘레가 가장 민감하게 반응합니다. 빠른 걷기를 한 달만 꾸준히 해도 수축기 혈압이 내려가고 허리둘레가 줄어듭니다. 특히 복부 비만이 신경 쓰이는 중년에게 걷기는 큰 이득을 가져다줍니다. 60대 이상은 보행 속도를 지키는 것이 핵심입니다. 걷는 속도를 일정하게 유지하면 다리 힘이 떨어지지 않아 낙상 위험이 줄어듭니다. 걷기 덕분에 뇌로 가는 혈류도 늘어 인지 기능 저하를 늦출 수 있습니다. 결국 모든 연령이 걷기를 통해 이득을 보지만, 반응 포인트만 조금씩 다를 뿐입니다.

성별에 따른 반응도 차이가 있습니다. 보통 남성은 근육량이 많아 걷기를 할 때 에너지 소비량과 심박수 상승 폭이 여성보다 큰 편이고, 체지방 감소 효과가 두드러집니다. 반면, 여성은 호르몬 특성상 지방을 에너지원으로 활용하는 비율이 높아서 지속적으로 걷기를 할 경우 체지방 조절과 하체 혈액순환 개선에 특히 효과적입니다.

또한, 폐경기 이후 여성에게는 걷기가 골밀도 유지와 골다공증 예방에 중요한 역할을 합니다. 결국 걷기는 연령과 성별에 상관없이 모두에게 유익한 운동입니다. 다만 나이에 따라 걷기로 달성하고자 하는 목표가 달라지고, 성별에 따라 반응의 속도와 형태가 달라질 뿐입니다.

본격적으로 걷기를 시작하기 전, 이것만은 꼭 기억하자

WHO는 주당 150~300분 정도의 중강도 걷기를 권합니다. 이 시간을 한꺼번에 몰아서 채울 필요는 없습니다. 일주일에 걸쳐 매일 적당한 속도와 강도로 걷는 시간을 분배하는 것이 좋습니다. 이를테면, 월요일·수요일·금요일에는 30분씩 빠르게 걸어보세요. 숨이 차지만 대화는 가능한 속도면 충분합니다. 화요일과 목요일에는 생활 속에서 걸음을 늘려줍니다. 엘리베이터를 타는 대신 계단을 오르고 가까운 거리는 걸어갑니다. 주말에는 가족과 함께 60분 정도 가벼운 트레킹을 떠나보세요. 숲길을 걸으면 체력이 좋아지는 것은 물론이고 기분도 상쾌해집니다. 이렇게 한 주를 보내면 중강도 걷기가 180분 이상 채워집니다. 달력에 표시하며 실천 여부를 기록하면 꾸준함을 유지하기가 더 쉽습니다.

다음은 본격적으로 걷기를 실천하기 전, 염두에 두면 좋은 세 가지 사항입니다.

일상에서 걷기 운동량을 확보하자

걷기는 의도적으로 마련한 시간에만 하는 활동이 아닙니다. 엘리베이터 대신 계단을 오르고, 버스나 지하철에서 한 정거장 정도 먼저 내려서 걷는 것도 모두 걷기 운동에 포함됩니다. 이렇게 생활 속에서 몸을 움직여 소모하는 열량을 '니트(NEAT, Non-Exercise Activity Thermogenesis, 비운동성 활동에 의한 에너지 소비)'라고 부릅니다. 체중이 70kg인 사람이 하루 7000보를 걸으면 약 280kcal가 더 소모됩니다. 밥 한 공기 분량을 자연스럽게 태우는 셈입니다.

또한, 한 번에 몰아 30분을 걷는 것보다 5분씩 여섯 번으로 나눠 걷는 편이 좋습니다. 짧게 자주 움직이면 인슐린이 제 역할을 더 잘해 혈당이 안정되기 때문입니다. 무릎이 아플까 봐 걱정된다면, 걸음 속도를 낮추고 대신 횟수를 늘려보세요. 회의 전후, 커피를 마시러 가는 동안처럼 자투리 시간을 활용해 걸어도 충분합니다. 작은 걸음이 쌓여 큰 건강을 만든다는 사실을 잊지 마세요.

몸의 컨디션을 기록하며 걷기 양과 강도를 조절하자

하루 걸음 수를 먼저 확인해 7000보 이상이면 합격입니다. 걷는 동안 숨이 조금 찰 때를 RPE 4~5 정도라고 생각하세요. 대화가 이어질 정도의 강도가 적당합니다. RPE(Rating of Perceived Exertion)는 운동 중 느끼는 주관적인 힘듦의 정도를 숫자로 표현한 지표인데, 다음의 표를 통해 각 레벨을 확인하시길 바랍니다. 스마트 워치가 있으면 여유 심박수(최대 심박수와 안정 시 심박수의 차이)의 50~70% 구간에 머무르는지도 살펴봅니다.

단계	활동	특징
1~2	걷기	숨이 거의 차지 않고 대화가 편하다. 일상 활동 수준으로 장시간 지속 가능하다.
3~4	슬로 조깅	숨은 조금 차지만 짧은 문장으로 말하기는 가능하다. 몸이 따뜻해지고 땀이 나기 시작하는 강도다.
5~7	러닝	호흡이 뚜렷하게 가빠지고 대화가 어렵다. 일정 시간 집중이 필요하며 심폐 부담이 분명해진다.
8~10	최대 속도 달리기	거의 숨을 쉴 여유가 없고 매우 힘들다. 짧은 시간만 유지가 가능하며 전력 질주에 해당한다.

RPE 단계와 그 특징

걷는 동안 발목·무릎·엉덩이에 날카로운 통증이 5분 이상 계속되면 즉시 속도를 늦추세요. 다음 날 아침, 처음 걸음을 뗄 때 관절이 뻣뻣하다면 전날 운동이 과했다고 볼 수 있습니다. 이럴 때는 걸음 수를 10% 정도 줄이고 평지를 걷거나 자전거 타기 등의 유산소 운동을 해서 부하를 나눕니다. 전신 피로가 24시간 이상 이어지면 휴식일을 하루 더 추가해주세요. 걸음 수, RPE, 심박수, 통증, 피로도를 달력에 함께 기록하면 몸의 패턴이 보입니다. 숫자와 느낌을 모두 체크하면 안전하고 즐거운 걷기가 이어집니다.

적정한 보폭과 자연스러운 자세로 걷자

보폭이 지나치게 짧으면 무릎이 덜컥거리며 더 큰 충격을 받습니다. 반대로 보폭이 지나치게 넓으면 고관절의 움직임이 너무 커지면서 허리의 부담을 만들어냅니다. 적정한 보폭을 구하는 공식은 65~66쪽에서 구체적으로 소개했습니다.

보폭을 맞췄다면 이제는 케이던스(1분당 지면에 발이 닿는 횟수)를 천천히 늘려보세요. 팔은 90도로 접은 뒤 힘을 빼고 자연스레 앞뒤로 흔듭니다. 시선은 발끝이 아닌 5m 앞의 바닥을 자연스럽게 쳐다봐 목과 어깨 긴장을 줄여줍니다. 걸을 때 스마트폰을 내려다보면 허리가 뒤로 젖혀져 압박이 쌓이니 걸을 때는 스마트폰을 보지 않아야 합니다.

발끝이 바깥을 향하는 팔자걸음 습관은 무릎 안쪽 연골을 닳게 만듭니다. 반대로 발끝이 안쪽을 향하는 안짱걸음 습관은 종아리에 불필요한 비틀림을 줍니다. 그러므로 발끝과 무릎이 같은 방향을 향하도록 의식하면서 걸어보세요. 무릎을 과하게 굽힌 채 걷는 버릇은 허벅지 피로와 관절 통증을 부릅니다. 허리와 무릎이 편안한 '적정 보폭과 자연스러운 자세'가 가장 안전한 걷기 자세입니다.

올바른 발바닥 사용은 걷기의 핵심

걷기를 할 때는 발바닥이 지면에 닿는 순서가 정말 중요합니다. 걷는 동안 발바닥은 '힐 컨택(Heel Contact, 뒤꿈치가 지면에 닿음) → 미드 스탠스(Mid Stance, 발바닥 중간이 지면에 닿음) → 토 오프(Toe Off, 발끝이 지면에 닿음)'의 세 단계를 거칩니다.

힐 컨택

걷기의 시작입니다. 한 발을 내디딜 때 가장 먼저 땅에 닿는 곳은 뒤꿈치입니다. 이 단계에서 발바닥은 체중이 부드럽게 전달되도록 충격을 흡수합니다. 만약 이때 발목이 뻣뻣하거나 과하게 빨리 지면에 닿으면 무릎과 허리에 충격이 올라갈 수 있습니다.

미드 스탠스

발 전체가 지면에 닿아 체중이 중앙으로 이동하는 단계입니다. 이때 발바닥의 아치가 완충 역할을 하며 균형을 잡고, 고관절과 코어가 중심을 지탱합니다. 걷기에서 가장 안정적인 순간입니다.

토 오프

발끝으로 지면을 밀어내는 단계입니다. 엄지발가락 쪽이 마지막으로 땅을 밀며 추진력을 만들어 다음 걸음을 이어갑니다. 이때 종아리 근육과 엉덩이 근육이 함께 작동해 보행의 속도와 리듬을 만듭니다.

결국 걷기란 '뒤꿈치로 착지하고, 발바닥으로 중심을 옮긴 뒤, 발끝으로 밀어내는' 세 단계의 자연스러운 흐름입니다. 이 리듬이 매끄럽게 이어질수록 몸에 가해지는 충격은 줄고, 에너지 효율은 높아집니다.

잘못된 발바닥 사용의 원인과 문제점

걷기에서 힐 컨택(뒤꿈치 닿기)이나 미드 스탠스(발바닥 중심 지지)

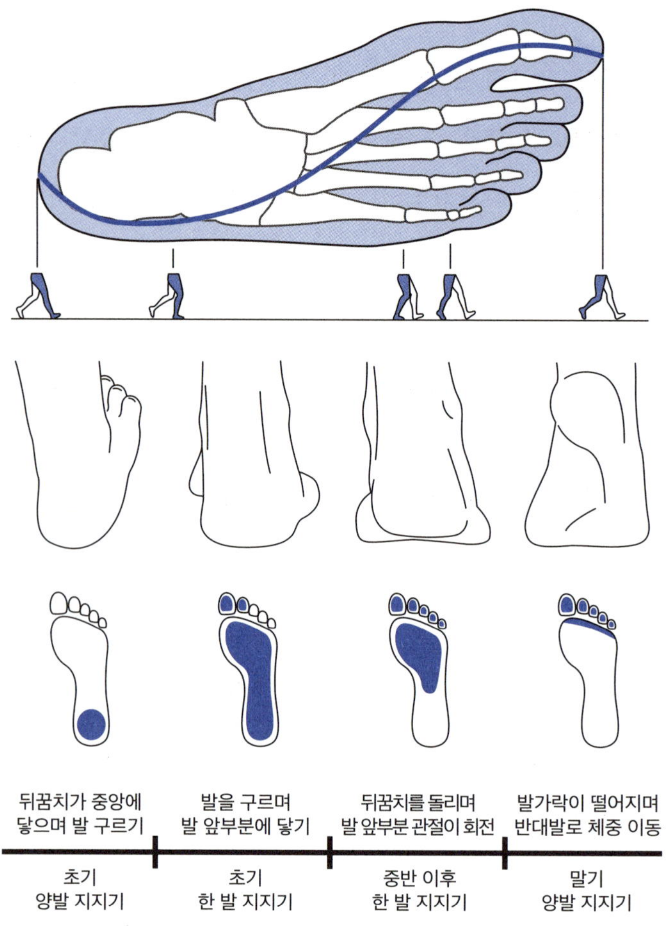

걷는 동안 발바닥이 땅에 닿는 순서

가 제대로 이루어지지 않으면, 몸의 충격 흡수와 균형 유지 기능이 깨지면서 관절에 여러 문제가 생깁니다. 뒤꿈치가 먼저 닿지 않는 경우, 즉 힐 컨택이 잘되지 않는 보행은 대부분 발목 움직임의 제한이나 종아리 근육의 긴장, 고관절의 신전(Extention, 펴기 또는 늘이기) 부족에서 비롯됩니다.

발꿈치가 먼저 닿지 않고 발 앞쪽으로 착지하면, 충격이 무릎과 고관절, 척추로 바로 전달되어 관절에 부담을 줍니다. 특히 무릎이 반복적인 충격을 흡수하지 못해 연골의 마모가 빨라지고, 허리에도 미세한 압력이 누적됩니다.

반대로 미드 스탠스가 잘되지 않는 경우, 즉 발바닥 전체로 체중이 고르게 실리지 못하는 상태는 평발이나 요족(높은 아치) 같은 발 구조 문제, 또는 무릎의 정렬 이상(내반 · 외반), 코어 불안정성과 관련이 있습니다. 미드 스탠스가 잘 이루어지지 않으면, 균형을 유지하기 위해 발목과 무릎 주변 근육이 과도하게 긴장하면서 피로와 통증이 쉽게 쌓이고, 걸음의 리듬이 깨져 보행 효율이 떨어집니다.

노인의 경우 이런 문제들이 더 심각하게 나타납니다. 뒤꿈치 착지가 어렵고 중심 이동이 불안정해지면, 보행 중 넘어질 위험이 크게 증가합니다. 또한, 충격 흡수가 제대로 이루어지지 않아 무릎 관절염, 고관절 통증, 허리 통증이 쉽게 발생합니다. 통증으로 보행을 회피하게 되면 근육이 더 약해지는 악순환이 이어지고요.

이처럼 힐 컨택과 미드 스탠스가 불균형하면, '충격은 커지고, 안정성은 줄어드는' 보행을 하게 됩니다. 이 두 단계가 자연스럽게 이어져야 관절을 보호하며 걸을 수 있습니다. 또한, 노인의 경우 낙상과 통증을 예방할 수 있습니다.

올바른 발바닥 사용을 위한 교정 드릴

다음은 올바른 힐 컨택과 미드 스탠스를 훈련하기 위한 교정 드릴 영상입니다. 매일 반복해서 연습하다 보면, 보다 효율적이고 건강한 걷기가 가능해질 것입니다.

제자리 뒤꿈치 걷기	
	제자리 발바닥 걷기
제자리 발끝 걷기	
	제자리 뒤꿈치 → 발바닥 → 발끝 연속 걷기

최적의 걷기 보폭을 찾아라

보폭은 한 발이 땅을 떠나 다음 발이 닿을 때까지의 거리입니다. 영어로는 '스트라이드(Stride)'라고 부르며, 걷기와 달리기의 기본 단위입니다. 보행을 할 때 스트라이드 길이(Stride Length)는 한쪽 발이 지면에 닿은 지점부터 다시 같은 발이 다음에 닿는 지점까지의 거리를 의미합니다. 즉, '오른발 → 왼발 → 다시 오른발'까지의 두 걸음에 해당하는 거리입니다. 걷기를 할 때는 발바닥을 올바르게 사용하는 것만큼 적절한 폭으로 발걸음을 이동하는 것도 중요합니다.

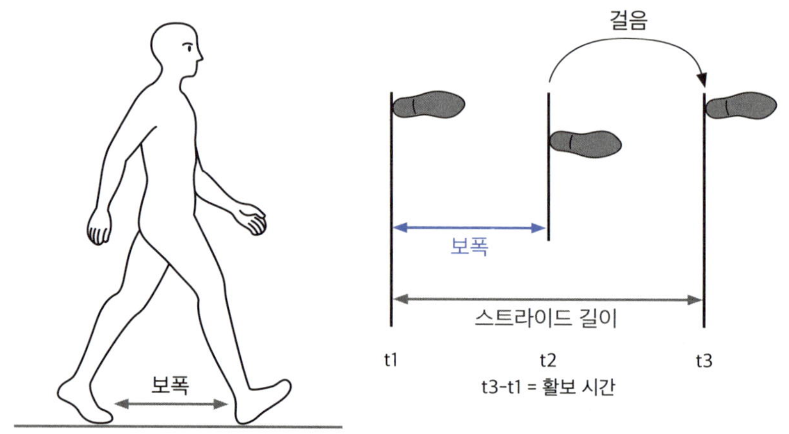

보폭과 스트라이드 길이 개념도

내 몸에 맞는 보폭으로 걸어야 하는 이유 ①
혈당과 지방을 동시에 관리할 수 있다

보폭이 지나치게 짧으면 다리 근육이 충분히 수축·이완하지 못합니다. 그러면 근육이 혈당을 흡수하는 힘이 떨어져 인슐린 감수성이 낮아집니다. 혈당이 자주 높은 수치에 머무르면 당화혈색소 수치가 서서히 오릅니다. 보폭이 짧은 걸음으로 걸으면 칼로리 소모도 줄어 복부에 지방이 쉽게 붙습니다. 특히 내장 지방은 심장병과 당뇨를 부르는 숨은 위험 요인입니다.

보폭을 권장 길이까지 넓히면 허벅지와 엉덩이의 큰 근육이 활발히 움직입니다. 그 결과, 운동 중 포도당 소비가 늘어 인슐린 감수성이 회복됩니다. 12주간 보폭을 교정한 것만으로 당화혈색소가 평균 0.4%p 낮아졌다는 연구도 있습니다. 복부 CT를 찍어 살펴봤을 때, 내장 지방의 양이 10cm² 이상 줄어든 사례도 다수 보고됐습니다. 즉, 내 몸에 맞는 보폭은 혈당과 지방을 동시에 관리하는 쉬운 생활 습관입니다.

내 몸에 맞는 보폭으로 걸어야 하는 이유 ②
신체 균형이 건강하게 잡힌다

짧은 보폭과 넓은 보폭은 모두 걷기의 효율성과 신체 균형에 영향을 줍니다. 짧은 보폭은 주로 엉덩이와 햄스트링의 유연성이 떨어지거나 엉덩이 근육이 약할 때 나타납니다. 이 경우 걸음이 불안정하고 추진력이 약해져서 보행 효율이 낮아집니다. 또한, 근육의 수축과 이완 범위가 제한되어 혈액순환과 산소 소비량이 감소합니다. 특히 노인에게 짧은 보폭은 낙상 위험을 높이는 요인입니다.

반대로 넓은 보폭은 겉보기에는 힘차 보이지만 착지 시 지면으로부터 받는 충격이 커서 무릎과 고관절, 허리에 부담을 줍니다. 과도한 골반 회전과 허리의 신전이 반복되면 요추 긴장이나 햄스트링 부상으로 이어질 수 있습니다. 또한, 필요 이상의 에너지를 소모해 피로가 빨리 쌓이고, 산소 소비량이 급격히 증가해 심폐 부담이 커집니다.

따라서 걷기에서 가장 이상적인 보폭은 자신의 신체 조건에 맞게 자연스럽고 안정된 범위를 유지하는 것입니다.

내 몸에 맞는 보폭으로 걸어야 하는 이유 ③
뇌와 심장 건강까지 챙길 수 있다

보폭이 줄어들면 자연스럽게 보행 속도도 느려져서 일상 활동 시간이 길어집니다. 연구에 따르면, 보행 속도가 1.0m/s 이하로 떨어지면 낙상 위험이 두 배로 증가합니다. 짧은 보폭으로 걸으면 발을 땅에서 오래 떼지 못해 균형을 잃기 쉬운 '더듬이 걸음'이 되기 때문입니다. 보폭이 감소하면 뇌 혈류도 줄어들어서 기억력과 집중력 등 인지 기능에도 부정적 영향을 줍니다. 실제로 보행 속도가 느린 고령자는 치매 발생률이 높다는 코호트 연구가 보고됐습니다.

반대로 적정 보폭으로 걸으면, 발바닥 감각과 코어 근육이 활성화되어 자세 제어 능력이 향상됩니다. 보폭을 안정적으로 유지하면, 호흡 패턴도 일정해져서 들숨과 날숨이 걸음의 리듬과 동기화됩니다. 이 동기화는 심폐 효율을 높여 같은 속도로 심박수와 호흡수가 낮게 유지되도록 도와줍니다. 결과적으로 적정 보폭은 낙상을 줄이고 뇌와 심장 건강까지 챙기는 종합 기능 강화 전략입니다. 오늘부터 걷기의 리듬과 호흡을 함께 느끼며 '나에게 맞는 한 걸음'을 점검해보세요.

적정 보폭을 구하는 방법

연구에 따르면, 걷기에 가장 효율적인 보폭을 구하는 공식은 다음과 같습니다.

적정 보폭

= 키 × 0.42 (또는 키-100)

가령, 키가 175cm인 사람이라면 '175×0.42≈74cm'가 권장 보폭입니다. 키에서 100을 빼면 더 간단히 적정 보폭을 구할 수 있습니다(175-100=75cm). 계산 결과, 두 공식이 거의 같은 길이를 제시함을 알 수 있습니다. ±5cm 정도의 차이는 체형, 유연성 같은 개인 편차로 보면 됩니다.

적정 보폭 범위에서 걸으면 한 걸음마다 소비하는 에너지를 최소로 유지할 수 있습니다. 덕분에 같은 속도로 걸어도 숨이 덜 차고 더 오래 움직일 수 있습니다. 또한, 적정 보폭은 몸의 균형을 유지해 자세를 자연스럽게 만듭니다. 스마트 워치나 간단한 실측으로 내 보폭을 먼저 확인해보세요. '나에게 맞는 길이'를 찾는 순간, 걷기와 달리기를 하는 발걸음이 훨씬 가벼워집니다.

나는 지금 적정 보폭으로 걷고 있는가?

공식을 통해 적정 보폭을 구했다면, 이제 내가 적정 보폭으로 걷고 있는지 파악할 차례입니다. 이를 혼자서 간단하게 측정하는 방법이 있습니다. 걷기를 하는 오른발과 왼발 사이에 평소 신는 신발이 1개 반~2개가 들어가면 아주 좋은 보폭으로 걷고 있다고 볼 수 있습니다. 하지만 이는 대략적인 가늠이라 아주 정확하지는 않습니다.

다음은 실제 보폭을 측정하는 세 가지 방법입니다.

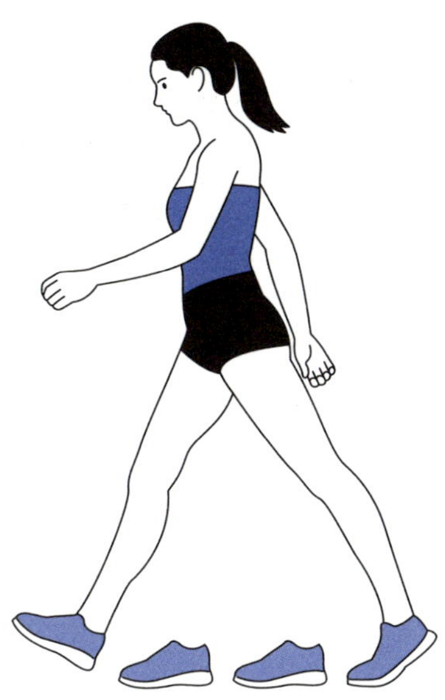

걷기를 하는 오른발과 왼발 사이에 평소 신는 신발이 1개 반~2개가 들어가면 아주 좋은 보폭이다.

10m 실측법

운동장이나 복도에 10m를 표시하고 걸음 수로 나누는 방법입니다. 10m 실측법에 필요한 준비물은 줄자와 펜뿐이라 간편하지만, 출발선에서부터 도착선까지 걷기 속도를 일정하게 유지해야 오차가 적습니다.

웨어러블 기계 사용하기

요즘 출시되는 스마트 워치와 스마트 밴드에는 보폭을 자동으

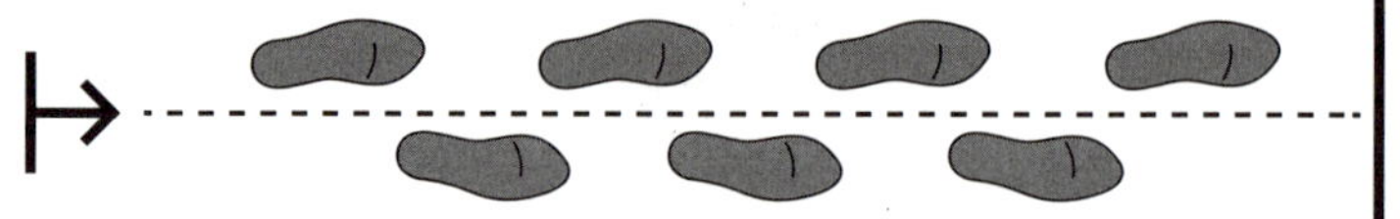

로 계산해주는 기능이 들어 있습니다. 하지만 기계를 사용한 측정은 GPS 수신이 잘되는 야외라면 정확도가 높지만, 실내나 고층 빌딩 주변에서는 위성 신호가 약해 수치가 흔들릴 수 있습니다.

스마트폰을 활용한 슬로 모션 영상 분석

스마트폰 카메라에 있는 슬로 모션 기능을 활용하는 것도 좋은 방법입니다. fps(frame per second, 초당 프레임 수)를 240으로 설정한 후, 측면에서 다섯 걸음 걷는 모습을 촬영한 뒤 애플리케이션으로 프레임 사이의 거리를 재면 1cm 단위까지 확인할 수 있습니다. 이는 매우 정확하게 나의 실제 보폭을 측정할 수 있는 방법입니다. 하지만 삼각대로 스마트폰을 고정해야 하고, 바닥 기준선 표시가 필수라 약간 번거롭습니다.

나의 실제 보폭 수치를 최소한의 오차로 측정하고 싶다면, 앞에서 제시한 세 가지 방법을 모두 사용해 같은 날 두 번 이상 반복한 후 평균값을 내는 것이 좋습니다. 또한, 평지에서 편한 신발을 신고 비슷한 컨디션인 상태에서 측정해야 일관된 결과를 얻을 수 있습니다.

이렇게 측정한 나의 실제 보폭 수치와 앞에서 계산한 나의 적정 보폭 수치를 비교했을 때 5cm 이상 차이가 난다면, 뒤에 이어지는 드릴 훈련을 통해 보폭을 조금씩 조정해나가는 것이 좋습니다. 적정 보폭으로 걸으면 숨이 덜 차고, 한층 가볍게 걷기를 즐길 수 있습니다.

적정 보폭을 위한 교정 드릴

다음에 소개하는 다섯 가지 드릴은 균형, 발바닥 체중 이동과 추진력을 개선해 자연스러운 보폭을 만들어줍니다. 특히 군인들이 행진하는 모습과 비슷해 '마칭(Marching)'이라 불리는 동작은 고관절 가동성과 코어 균형을 키우는 동작으로 무릎을 엉덩이 높이까지 올려 제자리에서 2세트×20회 실시하며, 상체를 곧게 세우는 것이 포인트입니다.

모든 드릴은 평평한 바닥에서 맨몸으로 진행해 발바닥 감각을 살리되, 무릎 통증이 있으면 운동화를 신어 충격을 완화합니다. 각 세트 사이에 30초의 휴식 시간을 넣어 피로를 관리하면 자세가 흐트러지지 않습니다. 주 3회, 걷기나 조깅 전에 10분만 투자해 위

마칭(하이 니)	
	A-마칭
제자리 발끝 걷기	
	한 발 뒤꿈치 들어 올리기
서서 엉덩이 신전	

의 다섯 가지 드릴을 반복하면, 보폭이 2주 만에 평균 2~4% 늘어나는 효과를 기대할 수 있습니다. 드릴 전후 보폭을 간단히 측정해 변화를 기록하면 동기부여를 지속하는 데 큰 도움이 됩니다.

걷기 속도는
건강 상태의 바로미터

걷기 속도는 단순한 이동의 빠르기를 넘어 신체의 전반적인 건강 상태를 평가할 수 있는 지표입니다. 특히 중장년층의 경우에 걷기 속도는 근력, 심폐 기능, 신경계 조절 능력, 균형 감각을 종합적으로 반영하기 때문에 의학적으로도 중요한 생체 신호로 여겨집니다.

건강한 성인의 평균적인 걷기 속도는 약 1.2~1.4m/s(시속 4.3~5km) 정도입니다. 이 정도 속도로 자연스럽게 걷는 사람이라면 심폐 기능이 정상적으로 유지되고, 하체 근육과 신경계의 협응이 잘 이루어지고 있음을 의미합니다. 걷기 속도가 빠르다는 것은 단순히 다리를 빨리 움직인다는 뜻 그 이상입니다. 심장과 폐가 충분히 산소를 공급하고, 근육이 효율적으로 에너지를 사용하는

걷기 속도 (m/s)	건강 상태 및 신체 기능 수준	주요 특징 및 해석
0.6 이하	기능 저하 단계	근력 및 균형 능력 저하, 낙상 위험 높음, 하지 근육 약화, 보행 안정성 감소, 일상적인 동작의 수행에 어려움이 생길 수 있음
0.6~0.8	체력 저하 및 노화 징후	하지 근육 약화, 보행 안정성 감소, 심폐 기능 저하 가능성이 있음
0.8~1.0	경계 수준 (정상 하한선)	기본적인 이동은 가능하지만 지구력과 대사 기능이 저하하기 시작하는 단계, 규칙적인 운동이 필요함
1.0~1.2	건강한 일반 성인 수준	정상적인 심폐 기능과 근력은 유지, 일상생활에서 자립적인 행동 가능, 각종 질환의 위험이 낮음
1.2~1.4	양호한 체력 상태	효율적인 산소 이용 능력 보유, 대사 질환 예방에 효과적임, 안정된 보행 패턴
1.4~1.6 이상	우수한 심폐 지구력	활발한 신체 기능, 심혈관 건강 양호. 노화 속도 느림, 장수형 보행 패턴

걷기 속도에 따른 건강 상태

능력이 좋다는 의미입니다.

반대로 1.0m/s(시속 3.6km) 이하로 걷는다면, 체력 저하나 하지 근력 약화, 혹은 신경계의 반응 속도 저하를 의심할 수 있습니다. 실제로 보행 속도가 느린 사람은 그렇지 않은 사람에 비해 심혈관 질환의 발생률이 높고, 노화 속도가 빠르며, 낙상이나 인지 저하의 위험이 크다는 연구 결과도 있습니다. 즉, 걷기 속도는 몸의 대사 능력과 에너지 순환 상태를 보여주는 실질적인 지표입니다.

의학적으로 걷기 속도가 1.0m/s 미만인 사람은 체력 저하, 근감소증, 심폐 기능 저하 등의 가능성이 높다고 보고, 1.2m/s 이상을 유지하는 사람은 건강 수명이 길고 독립적인 일상생활을 지속할 확률이 높다고 평가합니다. 또한 1.4m/s 이상으로 빠르게 걷는 사람은 심폐 지구력과 근력 수준이 우수하며, 대사 질환(고혈압·당뇨·비만)의 위험도가 낮은 것으로 알려졌습니다.

걷기 속도는 운동 능력 그 이상의 의미가 있다

걷기 속도는 단순히 운동 능력이 아니라 생리적 나이와 기능적 회복력을 보여줍니다. 나이가 들어도 일정한 속도로 걸을 수 있다면 신체 기능이 잘 유지되고 있다는 뜻으로 이는 곧 장수와도 관련됩니다. 실제로 고령층에서 걷기 속도는 생존율을 예측하는 지표로 사용되는데, 0.8m/s 이하로 걷는 경우 사망률이 약 두 배 증가한다는 연구도 있습니다.

결국 걷기 속도는 근력, 심폐 능력, 신경 조절력, 대사 건강을 모두 반영하는 종합적인 건강 척도입니다. 걷기 속도가 늦어지는 것은 단순한 피로나 나이 때문이 아닙니다. 몸의 회복력과 에너지 시스템이 저하되고 있다는 신호로 이해해야 마땅합니다. 그러므

로 걷기 속도를 꾸준히 점검하고, 평균 걷기 속도를 1.2m/s 이상
으로 유지하려는 노력은 단순한 운동 습관을 넘어 건강 수명과 삶
의 질을 지키는 가장 기본적이면서도 확실한 방법이라 할 수 있습
니다.

잘못된 걷기 자세 교정을 위한 훈련법

① 좁은 보폭

좁은 보폭으로 걸으면 다리를 자주 움직여야 해서 허벅지에 피로가 빨리 쌓이고 에너지 소비도 줄어들며 속도는 오르지 않습니다. 보폭이 짧으면 발끝이 제때 떨어지지 않아 걸려 넘어질 위험도 커집니다. 이 문제는 런지로 고관절을 열어 한 걸음을 10cm 늘리는 연습으로 개선할 수 있습니다.

런지 뒷무릎 신전 

② 팔자걸음 & 안짱걸음

발끝이 바깥으로 벌어지는 팔자걸음은 보폭이 불필요하게 옆으로 넓어져 무릎 안쪽과 정강이에 반복적으로 충격을 주고, 발바닥 바깥쪽에 체중이 쏠려 족저근막염 위험이 커집니다. 반대로 발끝이 안쪽으로 모이는 안짱걸음은 종아리와 발목이 안쪽으로 비틀려 정강이 통증과 발목 불안정을 일으키며, 발바닥 안쪽이 과도하게 눌려 통증이 생기기 쉽습니다.

보도블록 선 위에서 일자로 걷기

신발 마모로 나의 걸음걸이를 알 수 있다

신발 밑창이 닳는 위치는 단순한 마모 흔적이 아니라 보행 습관과 체중의 이동 패턴을 보여주는 지표입니다. 보통 정상적인 보행에서는 뒤꿈치의 바깥쪽부터 닳기 시작해, 걸음이 진행되면서 발 중앙을 거쳐 엄지발가락 쪽으로 마모가 이어집니다. 이것은 '뒤꿈치 착지 → 중심 이동 → 발끝 추진'의 자연스러운 보행 패턴을 의미합니다.

만약 뒤꿈치 안쪽이 심하게 닳는다면, 걸을 때 무릎이 안쪽으로 모이는 외반슬(Valgus Knee)이나 과내전(Over Pronation) 습관이 있을 가능성이 큽니다. 이 경우 발목과 무릎의 정렬이 흐트러져서 관절에 통증이 생기기 쉽습니다. 반대로 뒤꿈치 바깥쪽이 과하게 닳는다면, 과외전(Over Supination) 형태로 걸으며 체중이 발 바깥쪽에 쏠린 상태입니다. 이런 경우 충격 흡수가 잘되지 않아 발목 염좌나 무릎 외측 통증을 유발할 수 있습니다.

신발 중앙이 먼저 닳는다면, 보행 시 충격이 잘 흡수되지 않거나 발을 수직으로 내리찍는 습관이 있을 가능성이 큽니다. 이런 경우 무릎이나 허리에 직접적인 하중이 반복적으로 전달됩니다. 마지막으로 신발 앞쪽, 특히 엄지발가락 부분이 많이 닳는다면, 보폭이 지나치게 좁거나 발끝으로 차듯이 걷는 토 워커(Toe Walker)의 보행 패턴일 수 있습니다. 이런 경우 종아리와 햄스트링의 긴장이 심해지고, 발목 유연성이 떨어집니다.

즉, 신발의 마모 패턴은 '발이 땅을 어떻게 딛고, 체중이 어디로 이동하는가'를 알려주는 가장 솔직한 보행 기록입니다. 따라서 정기적으로 신발 밑창을 살펴보는 것만으로도 자신의 보행 습관과 관절 건강을 점검할 수 있습니다.

　무릎이 뒤로 꺾이는 과신전 보행은 착지하는 순간, 관절을 잠가 충격을 뼈와 연골에 직접 전달해 러너스 니(Runner's Knee, 러닝으로 인해 무릎에 생기는 통증 전반)를 부릅니다. 반대로 무릎이 과도하게 굴곡된 상태로 걷거나 달리면 허벅지 앞쪽 근육을 과사용해 피로가 빨리 쌓이며 무릎 안의 압력이 높아집니다. 다리가 X자 형태로 모이는 외반슬은 무릎 바깥쪽 연골을 닳게 하고, O자 형태로 벌어지는 내반슬(Varus Knee)은 안쪽 관절면과 종아리에 과부하를 줍니다.

　이러한 문제들을 해결하기 전에, 먼저 전신 거울 앞에서 11자 정렬로 서서 '골반 – 무릎 – 발목'이 일직선인지 확인하세요. 만일 무릎이 안으로 꺾인 상태라면, 엉덩이 외전 근육을 강화하는 '서서 엉덩이 신전'과 밴드를 활용한 '사이드 스텝(Side Step)'을 하루 2세트씩 실시하세요. 반대로 무릎이 바깥으로 퍼진 상태라면, 앉아서 무릎 사이에 공을 끼우고 하는 내전근 근력 운동을 15회×3세트 하는 것이 효과적입니다.

서서 엉덩이 신전　　

무릎 과신전이 심하다면, 햄스트링과 엉덩이 근육이 약한 경우가 많으므로 '브리지 홀드(Bridge Hold)'로 뒤쪽 사슬을 강화해 무릎이 잠기는 것을 방지합니다. 무릎 과굴곡이 심하다면, '힙 힌지(Hip Hinge)' 연습으로 엉덩이 추진력을 키워 무릎이 덜 굽도록 만듭니다.

또한, 걷기와 달리기 전후에는 대퇴근막장근과 장경인대를 폼롤러로 1분씩 풀어줘서 무릎 옆 통증을 줄여주세요. 보폭을 2cm 정도 줄이고 1분당 땅에 발바닥이 닿는 횟수를 조금 더 늘리면 착지할 때의 충격이 분산돼 과신전과 과굴곡이 모두 완화됩니다.

마지막으로 신발 뒤축이 닳아 있다면 교체해 쿠션을 회복하고,

스마트 워치로 보폭과 케이던스를 주 1회 측정하고 기록해 무릎 정렬 교정이 제대로 진행되는지 확인하면, 안전하게 개선할 수 있습니다.

④ 골반 틀어짐 & 측면 흔들림

골반이 기울어지거나 한쪽으로 흔들리면 걸을 때 허리가 한쪽으로 꺾여 요통이 생기고, 트렌델렌버그 징후(Trendelenburg Sign)가 나타나 골반이 아래로 처지면서 이를 보완하고자 상체가 반대쪽으로 기울어 균형을 잃습니다. 골반이 불안정하면 무릎 측부 인대에도 비틀림 스트레스가 가중돼 안쪽 또는 바깥쪽에 통증이 나타납니다.

이 문제의 원인은 엉덩이 중간근과 코어의 약화인 경우가 많으므로, 벽에 손을 살짝 대고 한쪽 다리로 서서 골반을 수평으로 유지하며 30초 버티는 '싱글 레그 힙 하이크(Single Leg Hip Hike)'를 3세트 실시하세요. 이어서 밴드를 무릎 위에 두르고 옆으로 걷는 '미니 밴드 몬스터 워크'를 15걸음씩 3세트 하면 엉덩이 중간근이 단단해집니다.

누워서 무릎을 90도로 굽히고 골반을 들어 올려 10초간 버티는 '브리지 홀드'는 엉덩이와 코어를 함께 강화해 골반이 흔들리지 않도록 도와줍니다. 보행 중에는 시선을 5m 앞에 두고 배에 힘을 살짝 주어 허리의 과신전을 막고, 보폭은 '키×0.42' 범위 안에서 조절해 과도한 골반의 좌우 흔들림을 줄이세요.

'하이 니'(70쪽)와 '월 마치(Wall March, 83쪽)' 드릴을 워밍업에 넣어 고관절 근육을 깨우면 걸음의 리듬이 안정됩니다. 운동 전후에는 종아리와 장요근 스트레칭을 2분씩 해 골반 앞뒤의 비틀림을 예방하고, 스마트 워치로 좌우 보폭 편차를 주 1회 확인해 5% 이하로 유지되면 교정이 잘 진행되고 있다는 신호입니다.

⑤ 발목이 안쪽 또는 바깥쪽으로 무너짐

발목이 안쪽으로 지나치게 무너지는 오버프로네이션(Over Pronation, 과회내)은 착지 충격이 아킬레스건과 무릎 안쪽까지 전달돼 건염과 러너스 니를 부릅니다. 반대로 발목이 바깥쪽으로 쏠리는 수피네이션(Supination, 과회외)은 발목이 자주 꺾이며 발바닥 바같에 통증이 생깁니다.

둘 다 발바닥 아치 근육과 발목 주변 안정근이 약한 탓이므로 맨발 상태에서 수건을 발가락으로 끌어당기는 '타월 컬(Towel Curl)'을 20회×3세트 실시해 작은 발 근육을 깨우세요. 이어서 균형 패드나 평평한 바닥에서 한쪽 발로 서서 30초 버티는 '싱글 레그 밸런스(Single Leg Balance)'를 3세트 하면 발목 안정성이 빠르게 향상됩니다.

오버프로네이션이 심하다면, 발바닥 안쪽을 지지해주는 모션 컨트롤 신발이나 맞춤 인솔을 사용해 충격을 분산해주세요. 수피네이션이 심하다면, 쿠션과 유연성이 좋은 신발로 바깥 충격을 흡수해주세요. 발목의 과회내·과회외 모두 종아리와 발바닥 근막이 뻣뻣하면 교정이 늦어지므로 운동 전후 폼롤러로 1분씩 풀어줘야 회복이 빨라집니다.

'월 마치' 드릴을 할 때 발끝이 정면을 향하도록 의식하면, 발목 축이 곧게 잡히고 발바닥 압력이 고르게 분산됩니다. 주간 기록표에 걷기 후 발목 통증 정도와 신발 바깥쪽과 안쪽의 마모 상태를 함께 적어두면 변화를 추적하기 쉽습니다. 마모가 3mm 이상 진행되면 신발을 교체해 교정 효과를 유지하세요. 마지막으로 스마트 워치에서 좌우 접지 시간 편차가 5% 이하로 줄어들면 발목 정렬이 안정되고 있다는 좋은 신호입니다.

⑥ 발목 유연성(가동성) 제한

발목이 충분히 굽혀지지 않으면 착지를 할 때 무릎이 앞으로 나가지 못해 충격이 종아리와 허리에 그대로 전달됩니다. 발등의 굴곡이 제한되는 원인은 오래 앉아 있거나 높은 굽의 신발을 자주 신어 종아리 근육이 짧아졌기 때문입니다. 이 경우 걷기 속도가 조금만 빨라져도 발바닥이 땅에서 일찍 떨어져 추진력이 약해지고 보폭도 짧아집니다.

이 문제를 해결하기 위해 벽을 짚고 무릎을 발끝 앞으로 천천히 밀어 30초 버티는 '벽 앞 카프 스트레칭'을 양쪽 3세트씩 실시하세요. 이어서 발목을 90도로 세운 채 수건을 발볼에 걸어 당기는 '앉아서 발등 당기기'를 20회×2세트 실시해 발등 굴곡 근육을 활성화합니다. 폼롤러를 종아리 위아래로 1분간 굴려 근막을 풀어주면 가동성이 더 빨리 올라옵니다. 발목 앞뒤로 원을 그리는 'ABC 드로잉'을 하루에 두 번 하면 관절 윤활액 분비가 늘어 움직임이 부드러워집니다.

보행 중에는 1분당 땅에 발바닥이 닿는 횟수를 조금 더 늘려서 착지 시간을 줄이고 충격을 분산하세요. 마지막으로 발목 가동 범위를 스마트폰 카메라로 측정해 무릎을 굽혔을 때 뒤꿈치가 뜨지 않는 상태에서 무릎이 발끝보다 10cm 이상 넘으면 정상이지만, 10cm 미만인 경우 발목의 가동성이 부족하므로 폼롤링과 스트레칭을 규칙적으로 해야 합니다. 꾸준히 하면 보폭이 자연스레 늘고 착지 충격도 크게 줄어 종아리 긴장과 허리 부담이 사라집니다.

다음은 발목 유연성 향상을 돕는 근막 이완과 스트레칭 방법입니다.

발바닥 볼 롤링	
 종아리 폼롤링	
서서 발목 스트레칭	

⑦ 팔 스윙 불균형 & 상체 비대칭

걷거나 달릴 때 한쪽 팔을 거의 흔들지 않으면 몸통이 반대쪽으로 기울어 추진력이 새고, 반대로 팔을 과하게 휘두르면 상체가 좌우로 흔들려 허리와 목에 긴장이 몰립니다. 팔 스윙 불균형은 어깨 근육이 경직돼 관절의 가동 범위가 줄어든 것이 원인이므로 먼저 거울 앞에서 팔꿈치를 90도로 접고 주먹이 아랫배 선을 스치도록 자연스러운 '펜듈럼 스윙(Pendulum Swing)'을 30초 연습하세요.

이어서 탄력 밴드를 양손에 잡고 팔을 벌리는 '밴드 풀 어파트(Band Pull Apart)'를 15회×2세트 실시하면 양쪽 어깨뼈가 뒤로 모여 긴장이 풀립니다. 어깨가 말려 있으면 가슴 근육이 짧아져서 팔이 뒤로 가지 않으므로 문틀에 팔꿈치를 대고 20초씩 가슴 스트레칭을 해주세요.

상체 비대칭이 심하다면, 누워서 반대쪽 팔과 다리를 동시에 들어 올리는 '데드 버그(Dead Bug)'를 10회×3세트 실시해 복사근과 코어를 균형 있게 강화합니다. 걷기 전 어깨를 크게 돌리는 '숄더 롤(Shoulder Roll)'을 10회만 해도 양쪽 팔 스윙 길이가 비슷해집니다.

스마트 워치가 있다면 좌우 팔 스윙 각도의 차이를 주 1회 확인해 5도 이하로 유지하는 것을 목표로 하세요. 마지막으로 스마트폰을 손에 쥐고 걸으면 팔 스윙이 즉시 줄어드니 주머니나 허리 벨트에 넣어 양손을 자유롭게 만드는 것이 가장 쉽고 빠른 교정 방법입니다.

⑧ 스마트폰 자세 & 거북목

스마트폰을 내려다보며 걷다 보면 목이 앞으로 5cm만 빠져도 목뼈에 가해지는 하중이 네 배로 늘어 거북목이 쉽게 생깁니다. 목이 앞으로 쏠리면 시야를 맞추기 위해 보상 작용으로 허리를 뒤로 젖히게 돼 요추 과신전으로 허리 통증이 따라옵니다. 목과 허리가 꺾이면 횡격막이 눌려 호흡이 얕아지고 산소 공급이 줄어 금세 어깨와 등까지 피로가 퍼집니다.

이를 해결하기 위해 스마트폰을 눈높이로 올리거나 20분 사용 후에는 고개를 들어 먼 곳을 20초 바라보는 '20-20 규칙'을 실천하세요. 하루 세 번, 벽에 등을 대고 턱을 살짝 당겨 목 뒤를 길게 만드는 '턱 당기기'를 10회 하면 목 전방 경사가 서서히 줄어듭니다. 이어서 벽에 등과 팔꿈치를 붙이고 천천히 올리는 '월 엔젤(Wall Angel)'을 15회×2세트 실시해 굽은 어깨를 펴서 상체 라인을 곧게 잡습니다.

등 중간에 폼롤러를 대고 가볍게 뒤로 젖히는 '흉추 신전 스트레칭'을 30초×2세트 실시하면 허리의 과신전을 방지하고 호흡이 깊어집니다. 걷기 전에 가슴과 목 앞 근육을 1분 정도 마사지 볼로 풀어주면 스마트폰을 하며 굳은 자세로 뭉친 긴장이 빠르게 풀립니다.

운동 후 스마트폰으로 셀프 영상을 찍어 목이 귀보다 앞으로 나와 있는지 확인하세요. 화면 속 옆모습을 살펴봤을 때, '귀-어깨-엉덩이'가 수직선에 가까워지면 교정이 잘된 것입니다. 마지막으로 주간 체크리스트에 '스마트폰 눈높이 사용' 항목을 만들고 70% 이상 지킨다면, 거북목과 상체 피로가 눈에 띄게 줄어드는 변화를 경험할 수 있습니다.

걷기 능력 향상을 위한 4주 프로그램

다음에 소개하는 4주 프로그램은 '하루 30분, 주 3회' 투자로 다음 스텝인 슬로 조깅을 무리 없이 할 수 있는 수준으로 신체 능력을 끌어올려주는 한 달짜리 로드맵입니다.

4주 프로그램을 시작하는 첫날, 가장 먼저 해야 할 일은 현실적인 목표를 정하는 것입니다. 예를 들어, '4주 뒤 시속 5km로 30분 연속 걷기'처럼 구체적이고 측정 가능한 목표를 세우는 것이 좋습니다.

운동화는 쿠션이 살아 있는 워킹화나 러닝화를 준비하고, 착용하고 걷기 전 운동화 끈을 발등에 맞춰 조여서 미끄럼을 막아주세요. 스마트 워치나 스마트폰 앱이 있다면 걸음 수, 속도, 심박수를 기록해 변화 추이를 확인합니다. 운동 시작 전과 후에는 3분 스트레칭으로 발목, 무릎, 허리 근육의 긴장을 풀어주어 부상을 예방합니다. 무릎이나 발목에 날카로운 통증이 5분 이상 지속되면 즉시 걷기를 중단하고 얼음찜질을 한 후 하루 휴식할 것을 권장합니다.

주간 목표 달성률은 체크리스트에 표시해 스스로 동기를 유지하세요. 매주 일요일에는 한 주의 기록을 돌아보며 다음 주 걷기 강도를 10% 이내에서 조정해 과부하를 피합니다. 이렇게 목표, 장비, 안전 수칙을 미리 점검하면 4주간 프로그램을 꾸준히 이어가는 데 큰 어려움이 없습니다.

1주 차: 습관 잡기

1주 차는 걷기 습관을 몸에 심는 단계로, 적정 보폭과 속도의 기초를 다지기 위한 '하이 니'와 '월 마치' 드릴을 중심으로 진행합니다. 주 3회 세션에서 먼저 '하이 니' 20m×2세트, '월 마치' 15회×3세트를 실시해 고관절과 균형 감각을 깨우세요. 이어서 시속 4km로 20분간 파워 워킹을 하며 방금 학습한 보폭을 실제 걸음에 적용합니다. 숨 고르기 후 서서 '버드 독(Bird Dog)'과 플랭크 자세에서 한 손씩 앞으로 딛고 다시 제자리로 오는 '플랭크 워크아웃

버드 독

	플랭크

(Plank Walkout)'을 각 30초씩 3세트 수행해 코어를 단단히 고정합니다.

세션의 총 시간은 30분이면 충분하며, 통증이 있으면 파워 워킹 시간을 15분으로 줄여도 됩니다. 세션이 없는 날에는 엘리베이터 대신 계단을 이용하거나 버스나 지하철을 한 정거장 미리 내려서 걷는 등 니트를 의식적으로 늘려주세요.

하루 걸음 수 목표는 7000보이며 스마트 워치로 확인해 기록합니다. 자기 전 3분 스트레칭으로 종아리와 허벅지를 풀어주면 회복이 빨라집니다. 주간 기록표 및 체크리스트에 드릴 및 코어 운동과 파워 워킹 수행 여부, 목표 걸음 수 달성 여부를 표시합니다. 이때 달성률 75% 이상을 목표로 합니다. RPE, 통증, 피로도도 체크합니다. 일요일에는 피로도를 1~5로 매겨 3 이상이면 같은 강도로 한 주를 더 반복해 과부하를 방지합니다.

수치	피로 정도
1	피로 없음
2	미세 피로
3	약간 피로
4	피곤함
5	매우 피곤함

피로도 척도

2주 차: 기초 체력 상승

2주 차는 기초 체력을 끌어올리는 단계로, 보폭을 1주 차때보다 2% 늘리고 시속 4.8km로 25분간 연속 파워 워킹을 수행합니다. 세션 앞부분에 '런지 워크(Lunge Walk, 앞으로 이동하며 런지 동작을 수행하는 것)' 10m×2세트와 'A-스킵(A-Skip, 172쪽)' 30m×2세트를 추가해 엉덩이와 종아리의 추진력을 키워주세요.

이어서 서서 '버드독'과 '플랭크'를 각 30초에서 40초로 늘려 3세트씩 진행해 코어 지구력을 강화합니다. 운동 전후 종아리와 햄스트링 스트레칭을 3분 이상 실시해 근육 뭉침을 방지하고, 무릎 통증이 있으면 '런지 워크' 거리를 5m로 줄여도 괜찮습니다.

세션은 주 3회, 총 35분 내외로 구성하며 RPE 4~5를 유지해 숨이 너무 차지 않도록 합니다. 휴식일에는 하루 8000보 이상 걷기와 계단 오르기를 실천해 니트를 계속 높여주세요. 2주 차 때도 1주 차 때와 마찬가지로 주간 기록표 및 체크리스트를 꾸준히 작성합니다. 2주 차 때도 달성률 75% 이상을 목표로 합니다. 일요일에는 2km 테스트 걷기를 실시해 속도 변화와 RPE를 점검하고, 피로도가 3 이상이면 다음 주 속도 증량 폭을 절반으로 조정해 과부하를 예방합니다.

3주 차: 속도 전환 연습

3주 차는 속도 전환 능력을 키우는 주간으로, 시속 5.1km로 5분 빠르게 걷고 1분 회복 걷기를 6세트 반복하는 인터벌 훈련이 핵심입니다. 세션 시작 전 '하이 니'와 '런지 워크' 같은 드릴을 지난주와 같은 세트로 유지해 몸에 익힌 보폭과 추진력을 변함없이 유지해줍니다. 인터벌 훈련을 하는 동안 RPE는 4~5, 즉 숨이 차지만 짧은 문장을 말하는 것이 가능한 정도를 목표로 하세요. 회복 구간에서는 시속 4km 안팎으로 걷기 속도를 낮춰 호흡과 심박을 가라앉히면 다음 세트가 훨씬 수월해집니다. 이어서 서서 '버드독'과 '플랭크'를 각 30초×3세트로 유지해 허리와 골반의 중립을 단단히 고정합니다.

총 세션 시간은 준비 스트레칭까지 포함해 35분이면 충분합니다. 무릎에 불편감이 있으면 4세트로 줄여도 무방합니다. 휴식일에는 시속 6km 이하의 가벼운 조깅을 10분 넣어 러닝 리듬을 미리 경험해보세요. 조깅 전후 종아리와 햄스트링 스트레칭을 3분 이상 해 근육 뭉침을 예방합니다. 하루 걸음 수 목표는 8500보이며, 3주 차 때도 주간 기록표 및 체크리스트를 꾸준히 작성합니다. 달성률은 80% 이상을 목표로 합니다. 일요일에는 전체 기록을 점검해 피로도가 3 이상이면 다음 주 걷기 속도를 시속 0.1km로만 조금 증량해 과부하를 방지하세요.

4주 차: 패턴 고정 및 평가

4주 차는 지난 3주 동안 배운 움직임을 굳히고 자신의 실력을 객관적으로 확인하는 주간입니다. 세션마다 '하이 니, 런지 워크, A-스킵, 월 마치' 등의 모든 드릴과 '버드독, 플랭크' 등의 코어 강화 운동은 세트와 거리를 0.8배로 줄여 피로를 누적시키지 않고 패턴만 유지합니다. 본 운동은 시속 5.4km로 40분간 롱 파워 워킹을 실시해 속도와 보폭을 몸에 완전히 각인합니다.

만일 대화가 끊길 정도로 숨이 차서 힘들다면, 속도를 시속 0.1km 정도 낮춰 RPE 5 이하를 유지합니다. 주중에 한 번은 2km 타임 트라이얼(Time Trial, 정해진 거리나 시간 동안 가능한 한 일정하고 빠른 페이스로 달려 자신의 현재 실력을 확인하는 테스트. 경쟁 상대와 겨루기보다는 자기 자신을 기준으로 기록을 측정하는 것이 목적이다)을 진행해 실제 속도, 보폭, RPE 변화를 기록하고, 3주 차 결과와 비교해 향상된 폭을 확인합니다. 타임 트라이얼 전후로 5분 스트레칭을 추가해 종아리와 햄스트링의 긴장을 풀면 부상 위험이 줄어듭니다.

휴식일의 걸음 수 목표는 9000보이고, 계단 오르기는 이전 주와 같은 빈도로 유지해 니트를 떨어뜨리지 않습니다. 4주 차 때도 주간 기록표 및 체크리스트를 꾸준히 작성합니다. 달성률은 80% 이상을 목표로 합니다. 일요일 평가에서 무릎 통증이 2(10점 만점 기준)이고 피로도가 3(5점 만점 기준) 미만이면, 다음 단계인 슬로 조깅 프로그램으로 안전하게 넘어갈 준비가 완료된 것입니다.

주간 기록표 및 체크리스트 사용법

주간 기록표 및 체크리스트는 일주일간의 운동 계획을 한눈에 파악하고 목표 달성률을 75% 이상 유지하도록 도와주는 도구입니다. 주간 기록표 및 체크리스트의 각 칸에는 날짜, 세션 종류, 목표 걸음 수, RPE, 통증, 피로도를 적습니다. 운동을 마치면 V자나 숫자만 간단히 기입해도 되고, 온라인으로 체크하는 것이 더 편하다면 캘린더 앱, 노션(Notion), 엑셀 스프레드시트에 복사해 사용할 수도 있습니다. 이렇게 기록하면 월말에 자동 합계 기능을 활용해 달성률을 계산해 다음 달 목표를 정하기 쉽습니다.

기록할 때 통증은 0~10, 피로도는 1~5로 표시해 과부하 위험

요일	드릴·코어 수행	파워 워킹 조깅 완료	목표 걸음 수(보)	RPE (1~10)	통증 (0~10)	피로도 (1~5)
월						
화						
수						
목						
금						
토						
일						

주간 기록표 및 체크리스트 예시

을 빠르게 확인하세요. 일요일 저녁에 빈칸이 25% 이상 남아 있으면 다음 주에는 걷기 강도를 올리지 말고 같은 단계를 한 주 더 반복합니다. 반대로 달성률이 90%를 넘고 통증이 2 이하라면 속도, 거리, 보폭을 5~10% 정도 안전하게 증량해도 됩니다. 이렇게 매주 작은 숫자를 쌓아가면 4주 후에는 눈에 띄게 체력이 향상되었음을 확인할 수 있습니다.

통증이 발생하거나 피로도가 높을 경우

4주 프로그램을 진행하다가 무릎이 아프면 '런지 워크'와 'A-스킵'을 과감히 빼고 '월 마치'와 '하이 니'만 두 배로 수행해 관절에 가해지는 충격을 즉시 낮춥니다. 통증이 있을 땐 보폭을 5cm 줄이고 시속을 0.3km 내려 부하를 10% 줄이고, 잔디나 우레탄처럼 부드러운 지면에서 걷기를 해 회복을 돕습니다. 같은 부위가 두 세션 연속으로 불편하다면 해당 주차의 세션을 한 번 더 반복하고 드릴과 파워 워킹 거리를 10% 축소합니다.

서서 무릎 굽혀 등장성 운동 

어깨나 목이 뻣뻣하다면, '플랭크'를 30초에서 15초로 줄이고 세트 수도 3세트에서 2세트로 조정해 과긴장을 풀어줍니다. 대신 '서서 무릎 굽혀 등장성 운동'이나 '밴드 풀 어파트'를 넣어 상체 균형을 담당하는 근육을 부드럽게 강화합니다. 전신 피로가 아침에도 RPE 3 이상 남아 있다면, 인터벌 세트를 하나 줄이고 회복 걷기를 2분 늘려 심박수를 안정시킵니다.

휴식일에는 기존의 니트는 유지하되 스트레칭 시간을 5분으로 늘려 근막 이완을 가속합니다. 무릎이나 어깨에 날카로운 통증이 5분 넘게 지속되면, 얼음찜질을 15분 한 후 휴식하는 것을 권장하며, 필요시 전문가에게 상담을 받는 편이 좋습니다.

모든 변경 사항은 체크리스트에 기록해 통증 발생의 원인과 회복 속도를 추적합니다. 이렇게 각 주마다 걷기 강도와 동작을 유연하게 조절하면 부상 없이도 4주 프로그램의 목표를 충분히 달성할 수 있습니다.

"이제 고통 없이 움직일 수 있게 됐습니다."

70대 중반의 혜순 씨는 평생 가족을 돌보느라 자신의 몸을 돌볼 시간이 없었습니다. 몇 년 전 시작된 요통은 나아질 기미가 보이지 않았고, 얼마 전부터는 허리를 조금만 숙여도 숨이 멎는 듯한 통증이 밀려왔습니다. 바닥에 놓인 장바구니를 들 때도, 세수를 하려고 몸을 숙일 때도 통증이 너무 심했습니다. 심지어 집 안에서 몇 걸음 걷는 것조차 고통이었죠. 병원에서는 "연세 탓입니다", "무리하지 마시고 그냥 쉬세요"라는 말만 반복했습니다. 하지만 쉬면 쉬는 대로 근력은 더 퇴행했고, 움직임은 더 어려워졌습니다.

통증도 통증이지만, 혜순 씨를 가장 괴롭게 한 것은 자신의 몸을 믿을 수 없다는 불안, 그리고 이제는 아무것도 할 수 없다는 상

실감이었습니다. 방법을 헤매던 끝에 저를 찾아온 혜순 씨는 이렇게 말했습니다.

"선생님, 움직이질 못하니 제가 점점 작아지다 못해 사라지는 것 같아요."

저는 혜순 씨에게 무조건 움직이지 않는 게 능사가 아니라고 조언했습니다. 대신 '허리를 쓰지 않는 방식으로 몸을 다시 깨우는 운동'을 차근차근 시작하게 했죠. 혜순 씨에게 필요한 것은 단순히 걷기 능력의 회복이 아니었습니다. 통증 없이 일어서는 법, 불안 없이 한 발을 내딛는 법을 회복하는 것이 우선이었죠. 몇 주 동안 혜순 씨는 기초 근력 운동만 차근차근 수행해나갔습니다.

그러자 놀라운 일이 벌어졌습니다. 처음에는 의자에서 일어나는 것조차 힘들어하던 혜순 씨가 떨리는 목소리로 통증이 사라졌다고 이야기했습니다. 꾸준한 기초 근력 운동 덕분에 허리를 보호하는 깊은 근육, 둔근, 하체의 지지 근육들이 조용히 자기 역할을 되찾아가기 시작하며 혜순 씨의 몸이 회복된 것입니다.

근력과 안정성이 돌아온 것을 확인한 후에야 저는 혜순 씨에게 이제 본격적으로 걷기를 해도 좋다고 조언했습니다. 처음에는 집 안에서 20~30걸음을 걷는 게 전부였습니다. 하지만 며칠이 지나자 집 밖으로 나와 골목 끝까지 걸을 수 있었습니다. 그것도 통증 없이요.

걷기에 부쩍 익숙해진 혜순 씨에게 저는 천천히 뛰어보면 어떻겠냐고 제안했습니다. 아니, 뛴다기보다는 걷기를 할 때보다 조금 더 발을 가볍게 옮기는 정도로 움직여보자고 말했습니다. 저의 제안에 혜순 씨는 처음에 손사래를 쳤습니다. 이제 겨우 걷게 됐는데 무슨 달리기를 하냐면서요.

하지만 제가 알려준 방법대로 첫 슬로 조깅을 마치고 나자 혜순 씨는 커다란 자신감을 얻었습니다. 이제 혜순 씨는 일주일에 두세 번, 자신만의 작은 루틴으로 슬로 조깅을 즐깁니다. 운동화를 신으며 하루를 시작하는 습관은 혜순 씨의 몸과 마음을 모두 긍정적인 방향으로 바꿔놓았습니다. 통증으로 부러질 것만 같던 허리는 이제 숙여도 아프지 않습니다. 걷기와 계단 오르기도 훨씬 수월해졌죠. 통증이 없으니 밤에 잠이 잘 오고, 아침에는 몸이 가볍습니다. 컨디션이 좋으니 표정이 밝아졌고 일상의 활력이 되살아났습니다.

"선생님, 제가 이 나이에도 계속 살아 움직이고 있네요."

슬로 조깅은 혜순 씨에게 기록이나 성과를 위한 활동이 아닙니다. 이제는 통증 없이도 잘 걸을 수 있는 능력을 되찾아준 고마운 운동이자 하루를 열어주는 행복한 루틴이죠. 혜순 씨의 사례는 단순한 운동 성공담이 아닙니다. 70대 중반의 나이여도, 허리 부상으로 걷기조차 힘든 몸이라도, 적절한 접근과 올바른 지도 아래에 꾸준히 연습한다면 완전히 새로운 삶을 시작할 수 있음을 알려주는 강력한 사례입니다.

RUN!
RUN!
RUN!
RUN!

슬로 조깅

케이던스와 강도를
점진적으로 높여라

슬로 조깅이란 무엇인가?

슬로 조깅은 말 그대로 '느리게 달리는' 운동으로 보통 시속 6~8km의 속도로 뛰는 것을 목표로 합니다. 이는 편안히 대화를 나누며 뛸 수 있는 정도입니다. 슬로 조깅의 가장 큰 장점은 걷기보다 심장이 조금 더 빠르게 뛰지만 무릎과 허리에 가는 충격은 일반 조깅의 절반 수준이라 관절에 부담이 적다는 점입니다.

슬로 조깅은 일본 후쿠오카대학교의 다나카 히로아키 교수가 1980년대 후반에 고안한 '다나카 메소드'에서 시작됐습니다. 당시 다나카 교수는 무릎이 아픈 중장년층에게도 안전한 달리기 방법을 찾다가 '발바닥 중간 착지'와 '빠른 케이던스'의 조합이 관절에 가하는 충격을 크게 줄인다는 사실을 밝혀냈습니다.

그는 슬로 조깅이 "달리기와 걷기 사이의 중간 과정"이라 설명하며 걷기의 안정성과 러닝의 체력 효과를 동시에 얻는 길이라고 강조했습니다. 이후 일본 NHK 건강 프로그램과 마라톤 잡지 등을 통해 널리 알려지면서 슬로 조깅은 국내외 러닝 동호회에도 빠르게 확산됐습니다. 오늘날 슬로 조깅은 재활 프로그램, 비만 클리닉, 시니어 체육 교실 등에서 표준 저충격 달리기 방법으로 널리 사용되고 있습니다.

세계는 지금 슬로 조깅 열풍

세계는 지금 가히 슬로 조깅 열풍이라고 해도 과언이 아닙니다. 가령, 대만의 공원 러닝 모임에서는 '30분 느린 달리기 교실'이 주 2회 운영되고 있습니다. 일본 가고시마현은 시니어 체력 증진 사업 프로그램에 슬로 조깅을 정규 과목으로 넣어 운영했는데, 8주 후 참가자들의 혈압이 평균 6mmHg 낮아졌다는 보고를 발표했습니다.

슬로 조깅 열풍은 아시아를 넘어 미국과 유럽으로까지 퍼져나갔습니다. 미국에서는 메이요 클리닉과 MD 앤더슨 암센터가 암 생존자 재활 코스에 슬로 조깅을 넣어 운영한 결과, 참가자들의 통증과 피로도가 25% 감소했다고 그 효과를 학회지에 발표했습

    100년 쓰는 몸을 만드는 걷기와 달리기

니다. 이 논문은 슬로 조깅이 시속 7km 이하의 저충격 달리기이기 때문에 항암 치료 후 관절이 약한 환자도 안전하게 참여할 수 있다는 점에 주목했습니다. 또한, 뉴욕 센트럴파크 러너스 클럽은 주말 그룹 런 속도를 슬로 조깅 수준으로 낮추자 초보 회원이 두 배로 늘었다고 밝혔습니다.

유럽에서는 폴란드 파크 런 조직이 5km 슬로 조깅 그룹을 마련한 결과, 참가자 평균 연령이 48세에서 55세로 높아졌습니다. 영국과 독일 파크 런 조직도 이와 동일한 모델을 도입하자 중장년층의 참가 비율이 15% 이상 상승했습니다. 런던 킹스칼리지 연구팀은 슬로 조깅을 꾸준히 한 60대 참가자의 무릎 통증 점수가 30% 줄었다고도 보고했습니다. 이런 국내외 사례들은 슬로 조깅이 세대와 지역을 넘어 건강한 운동 방법으로 자리 잡고 있음을 보여줍니다.

걷기나 러닝과는 차별화된 슬로 조깅만의 이점

일본의 한 건강 프로그램이 측정한 결과에 따르면, 슬로 조깅은 보통 조깅보다 무릎과 허리에 전해지는 충격이 약 30% 낮으면서도, 걷기보다 칼로리 소모가 20% 많습니다. 이와 같은 이점으로 슬로 조깅은 아시아 중년층 사이에서 체중 관리 운동으로 빠르게 자리 잡았습니다. 국내의 한 실버 센터에서 같은 속도로 30분 걷기를 했을 때와 슬로 조깅을 했을 때를 비교한 결과, 슬로 조깅을 했을 때 추가로 60kcal를 더 소모한 반면, 통증 보고율은 절반 이하였습니다.

미국 메이요 클리닉은 슬로 조깅을 한 그룹이 일반 걷기를 한 그룹보다 12주 후 체중이 평균 2.3kg 더 줄었지만, MRI로 본 연골 마모는 차이가 없다고 밝혀 관절 안전성을 입증했습니다. 같은 연구에서 슬로 조깅 참여자들의 공복 혈당은 걷기를 한 그룹보다 6mg/dL 더 떨어져 대사 건강 개선에도 유리함이 증명됐습니다.

뉴욕 센트럴파크 러너스 클럽이 공개한 데이터에 따르면, 초보 러너가 일반 조깅 대신 1분당 170보 정도로 뛰는 슬로 조깅으로 전환했을 때, 피로 누적 점수가 30% 감소했다고 합니다. 유럽 폴란드 파크 런은 걷기와 달리기 혼합 프로그램에 슬로 조깅을 추가하자 50대 참가자의 무릎 통증 불만이 40% 줄고, 행사 완주율은 18% 높아졌다고 발표했습니다. 런던의 직장인 웰니스 챌린지가 수행한 내부 설문 조사에 따르면, 점심시간 25분 동안 슬로 조깅을 하는 것이 1만 보 걷기보다 업무 후 피로 회복 속도가 빠르다는 결과가 나왔다고 합니다. 이탈리아 스포츠의학회는 심혈관 질환 위험군에게 슬로 조깅을 주 3회 처방했을 때, 걷기를 했을 때보다

HDL(좋은 콜레스테롤) 수치가 7% 더 상승했다고 결론지었습니다.

요컨대 아시아는 체중 및 혈당 관리, 미국은 재활과 체지방 감량, 유럽은 직장인과 커뮤니티의 완주율 향상에 초점을 맞춰 '관절 충격은 낮추고 칼로리 소모는 높이는' 슬로 조깅의 장점을 적극 활용하고 있습니다.

슬로 조깅을 시작할 때 꼭 기억해야 할 4가지

슬로 조깅을 처음 시작하는 초보자라면 다음의 네 가지 사항을 꼭 기억해야 합니다. 이를 염두에 두고 슬로 조깅을 실천해야만 안전성과 체력 효과를 동시에 얻을 수 있습니다.

첫째, 토크 테스트(Talk Test) 원칙입니다. 숨이 약간 차더라도 짧은 문장을 편히 말할 수 있는 속도로 달리면 심박수가 무리 없이 유지돼 중년 이후의 나이라도 달리는 데 부담이 없습니다.

둘째, 토 풋(Toe-Foot) 착지에서 미드 풋 랜딩(Mid-Foot Landing)입니다. 슬로 조깅을 할 때는 발뒤꿈치가 아니라 발의 앞쪽으로 착지한 다음, 발바닥 중간으로 이동합니다. 그래야만 뒤꿈치에 가해지는 충격이 줄어들어 무릎과 허리에 가해지는 압력이 절반 가까이 낮아집니다. 또한, 몸이 앞뒤로 흔들리지 않고 자연스레 앞으로 굴러갑니다. 슬로 조깅을 할 때는 발끝이 지면을 살짝 스치듯 닿는 느낌으로 착지해야 종아리에 불필요한 긴장이 생기지 않습니다.

셋째, 적절한 케이던스입니다. 뒤에서 구체적으로 설명하겠지만, 케이던스란 분당 걸음 수를 가리키는 개념입니다. 슬로 조깅 시 짧은 보폭과 빠른 회전수를 유지해 발이 몸보다 멀리 나가지 않도록 하고 케이던스는 분당 170보 안팎을 목표로 하면 에너지 효율이 가장 높습니다. 스마트 워치나 메트로놈 앱을 켜두고 1분 동안 발걸음 수를 직접 세어보는 것만으로도 케이던스를 쉽게 확인할 수 있습니다.

넷째, 자연스러운 자세와 표정입니다. 어깨의 힘을 빼고 시선을 5m 앞에 두면 척추가 곧게 세워져서 호흡이 깊어지고 긴 시간이 지나도 목과 허리가 뻐근하지 않습니다. 팔꿈치는 90도로 접어 가볍게 앞뒤로 흔들어 몸통이 좌우로 흔들리지 않게 균형을 잡아줍니다. 얼굴에 미소를 띠고 천천히 뛰면 무척 상쾌하고 긍정적인 기분이 듭니다.

슬로 조깅은 숨이 차기보다는 '약간 빠른 걸음' 느낌이라 초보자나 중년층도 쉽게 지속할 수 있습니다. 꼭 쿠션이 있는 운동화를 신지 않아도 되고, 집 근처에 평평한 공원 길만 있어도 바로 시작할 수 있고요. 20분만 달려도 칼로리 소모가 걷기보다 20%쯤 높아 체중 관리에 도움이 됩니다. 동시에 심혈관 기능을 부드럽게 자극해 혈압과 혈당을 안정적으로 낮추는 데도 효과적입니다.

즉, 슬로 조깅은 관절 보호와 체력 향상이라는 두 마리 토끼를 한 번에 잡을 수 있는 저충격 달리기 방법입니다. 슬로 조깅을 처음 시작한다면 우선 주 3회 10분씩 반복하고, 몸이 슬로 조깅 리듬에 익숙해지면 5분씩 서서히 시간을 늘려보세요.

▏케이던스, 효율적인 러닝을 위한 핵심 개념 ▏

본격적으로 슬로 조깅 트레이닝을 하기 전에 한 가지 알아둬야 할 개념이 하나 있습니다. 바로 '케이던스(Cadence)'입니다. '운동을 시작하기 전에'에서도 아주 간단하게 설명했지만, 케이던스는 1분 동안 발이 땅을 딛는 횟수를 뜻합니다. 케이던스는 'spm(steps per minute)'이라는 단위로 표시합니다. 앞으로 이 책에서 자주 보게 될 단위입니다.

걷기는 보통 100~120spm, 조깅이나 슬로 조깅은 170~180spm을 목표로 합니다. 케이던스가 낮으면 보폭이 길어져서 착지 시 충격이 커지고 에너지가 샙니다. 반면에 케이던스가 너무 높으면 근육이 빠르게 피로해집니다. 전문가들의 연구에 따르면, 달리는 속도에 따라 최적의 케이던스가 존재합니다. 이른바 '리듬-에너지

곡선'인데요, 보통 170~180spm 부근에서 소비되는 칼로리 대비 피로도가 가장 낮았습니다. 즉, 같은 거리를 달려도 발걸음을 일정한 리듬으로 자주 내디디면 숨이 덜 차고 관절이 편하다는 뜻입니다.

케이던스는 스마트 워치로 자동 측정하거나 15초 동안 발걸음 수를 센 뒤 4를 곱하는 방식으로도 쉽게 구할 수 있습니다. 메트로놈 앱이나 170bpm(beats per minute, 1분당 비트 수)으로 비트가 반복되는 음악을 들으며 달리면, 발걸음의 리듬을 맞추기가 한결 쉽습니다. 2주마다 케이던스를 5spm씩 점진적으로 높이면 부상 없이 효율을 끌어올릴 수 있습니다. 자신에게 적정한 케이던스를 찾는 것은 '더 멀리, 덜 힘들게, 안전하게' 달리는 가장 간단한 기술입니다.

왜 170~180spm을 적정 케이던스로 추천할까?

슬로 조깅의 적정 케이던스로 170~180spm이 권장되는 이유는 사람의 근육과 힘줄이 가진 '자연 주파수'와 가장 잘 맞아 에너지 손실이 최소화되는 수치이기 때문입니다. 이 범위에서 발이 땅에 머무는 시간이 0.2초 안팎으로 짧아지면, 반작용력을 스프링처럼 저장했다가 다음 걸음에 바로 돌려주어 추진력이 자연스럽게 이어집니다. 동시에 착지 시 충격이 무릎을 통과해 고관절·허리로 전해지기 전에 에너지가 빠르게 분산돼 관절에 가해지는 부담이 20~30% 줄어듭니다.

케이던스가 150spm 이하로 떨어지면 보폭이 길어져서 발이 몸보다 앞에 떨어지는 '오버스트라이드(Overstride)'가 발생하고, 충격 피크가 급격히 높아져 러너스 니를 겪을 위험이 커집니다. 반대로 케이던스가 190spm을 넘기면 근육이 과도하게 수축 및 이완해 피로가 빨리 쌓이고, 산소 소비가 늘어나 러닝 이코노미(Running Economy, 같은 속도로 달릴 때 얼마나 적은 에너지를 쓰는지를 표현하는 개념)가 떨어집니다. 한편, 170~180spm 구간은 '충격 최소'와 '산소 효율'이 동시에 교차하는 지점이라 전문가들이 '골딜록스 존(Goldilocks Zone)'이라 부릅니다.

미국 메이요 클리닉에서 12주간 수행한 연구에 따르면, 참가자가 케이던스를 10spm 올렸을 때 무릎 내측 압력이 14% 감소했고, 러닝 이코노미는 2.8% 향상됐습니다. 스마트 워치로 케이던스를 실시간 확인하며 이 범위에 맞춰서 달리면, 숨이 덜 차고 오래 달려도 다리가 무겁지 않은 느낌을 바로 체감할 수 있습니다. 처음부터 170spm으로 뛰기 어렵다면 현재 수치에서 5spm씩 점진적으로 올리는 것이 안전합니다.

요컨대 케이던스 170~180spm은 자연 주파수에 맞춰 '충격은 줄이고 효율은 높이는' 황금 리듬입니다.

너무 낮거나 높은 케이던스가 불러오는 부상들

케이던스가 160spm 이하로 떨어지면 발이 몸보다 앞에서 멀리 착지해 무릎뼈와 대퇴골 사이의 압력이 크게 늘어 흔히 '러너스 니'라고 불리는 PFPS(슬개대퇴통증 증후군)가 쉽게 발생합니다. 케이던스가 너무 낮으면 착지 시 충격을 종아리와 아킬레스건에 집중시켜 미세 파열과 만성 건염 위험도 높입니다.

반면에 케이던스를 170~180spm으로 올리면 발이 몸 아래에 가까이 떨어져 무릎 관절에 가해지는 전단력이 20% 이상 줄어든다는 연구가 있습니다. 착지 시간이 짧아져 충격이 빠르게 분산되면서 아킬레스건이 저장하는 탄성 에너지가 증가해 힘줄에 가해지는 스트레스도 완만해집니다. 하지만 케이던스가 190spm을 넘겨 과도하게 회전수를 올리면 종아리 근육이 쉬지 못해 피로 골절이나 장딴지 경직이 생길 수 있습니다.

따라서 자신의 현재 케이던스에서 서서히 5spm씩 단계적으로 올리는 것이 안전합니다. 케이던스를 조정하는 초기에 종아리가 당길 때는 '하이 니'와 '월 마치' 같은 드릴로 고관절과 발목 근육을 충분히 깨워주세요. 또한, 세션을 마친 후에는 아킬레스건 스트레칭을 1분 이상 실시해 긴장을 풀어주세요. 스마트 워치로 케이던스를 실시간으로 확인하며 목표 범위에 들어왔는지 체크하고, 착지 충격 알림 기능이 있으면 충격 피크를 10% 이하로 유지하는 것을 목표로 하세요.

주 1회 간격으로 앞서 설명한 10m 실측과 슬로 모션 영상 촬영을 활용해 발이 착지하는 위치를 확인하면 오버스트라이드 교정이 빠르게 이루어집니다. 적정한 케이던스는 PFPS와 아킬레스건염을 미리 차단하고, 관절 보호와 러닝 효율을 동시에 끌어올리는 가장 손쉬운 예방 전략입니다.

운동 강도 수치만 잘 관리해도
슬로 조깅이 쉬워진다

요즘은 스마트 워치나 스마트 밴드의 사용이 대중화됐습니다. 덕분에 슬로 조깅을 비롯해 운동할 때, 운동 강도에 따른 자신의 신체 컨디션과 반응 수치를 실시간으로 확인할 수 있죠. 이와 같은 수치들이 무엇을 의미하는지, 적정한 수치는 어느 정도인지 등을 알면, 효율은 높이면서 보다 안전하고 건강하게 운동할 수 있습니다.

슬로 조깅 시 적당한 RPE는 5 이하

RPE는 앞에서도 살짝 언급했지만, 'Rating of Perceived Exertion'

의 약자로 운동 중 느끼는 주관적 힘듦의 정도를 뜻합니다. 보통 1~10까지의 숫자로 힘든 정도를 표시하는데, 슬로 조깅의 경우 RPE 5 이하가 이상적입니다. 이 단계에서는 숨이 조금 차더라도 가볍게 뛰면서 짧은 문장 정도를 편하게 말할 수 있습니다. 연구에 따르면 RPE 5의 강도는 최대산소섭취량(VO₂ max, 운동 중 신체가 산소를 최대로 소비하는 능력을 나타내는 수치로, 심폐 능력과 지구력을 측정하는 정량 지표)의 55~65% 구간과 대체로 일치합니다.

걷기에서 슬로 조깅 단계로 넘어갈 때, RPE가 3에서 4.5까지 자연스럽게 상승하면 속도 전환이 안전하게 이루어졌다는 신호입니다. 스마트 워치나 스마트폰이 없어도 30초 동안 숫자를 세어 숨이 끊어지는지 여부를 확인하는 간단한 토크 테스트만으로도 자신의 RPE를 예측할 수 있습니다.

세션 뒤 주간 기록표 및 체크리스트에 RPE와 기분 점수를 함께 적으면 체감 난이도와 실제 지표를 비교할 수 있습니다. 주당 평균 RPE가 5.5를 넘기면 과훈련의 가능성이 있으므로 이때는 속도와 보폭을 10% 낮추고 휴식 주간으로 운용합니다.

슬로 조깅 시 적당한 심박수는 '존 2 구간' 범위

RPE가 주관적인 힘듦의 정도를 표현하는 수치라면, 심박수를 통해 보다 더 객관적으로 나에게 적절한 운동 강도를 확인할 수 있습니다. 미국 스포츠 의학 전문가 필립 마페톤(Philip Maffetone) 박사는 '마페톤 존 2(Maffetone Zone 2)'라는 저강도 유산소 운동 훈련법을 창안했습니다. 그에 따르면 220에서 자신의 나이를 뺀 숫자가 최대 안정 심박수인데, 이 수치의 60~70% 수준의 운동 강도가 지방 대사의 최적 구간이라고 합니다. 예를 들어, 50세라면 최대 안정 심박수는 170(220-50)bpm입니다. 이때 지방 대사가 최적인 구간의 상한선은 119bpm(170×0.7)이고, 하한선은 102bpm(170×0.6)입니다. 즉, 약 100~120bpm 사이의 심박수로 운동할 때, 지방 대사가 가장 효율적으로 이루어지는 것이죠.

슬로 조깅이 존 2의 중앙값 근처에서 수행되면 심폐 부담이 적고 회복이 빠릅니다. 아침 공복 시 심박수는 70bpm인데 달리기 중 125bpm을 유지한다면 심박 여유율(Heart Rate Reserve, HRR, 내 최대 심박수에서 안정 시 심박수를 뺀, 사용 가능한 심박 범위)은 약 55%로 이상적입니다.

대부분의 스마트 워치 화면에는 심박수 존(HR Zone)을 색깔로 표시해 한눈에 구간을 알아볼 수 있도록 제공하고 있어 편리합니다. 만일 고혈압 약을 복용 중이라면 최대 심박수가 10bpm가량 낮아질 수 있으므로 상한선을 5bpm 내려 잡도록 합니다.

심박 그래프, 어떻게 읽어야 할까?

운동 후 스마트 워치나 스마트폰 앱에 표시되는 심박 그래프의 곡선이 구간별로 완만하게 오르다가 훈련을 계속하는데도 기록이나 체력이 더 이상 좋아지지 않는 정체 상태를 유지한다면 세션 강도가 안정적이라는 뜻입니다. 심박 여유율의 세션 평균이 50~70% 사이라면 지방 연소와 유산소 향상을 동시에 기대할 수 있습니다. 심박 그래프가 톱니처럼 들쑥날쑥하면 속도 변동이 크거나 언덕처럼 경사진 길에서 과부하가 걸린 상황이므로 보폭을 줄이고 경사를 피해 리듬을 다시 맞춰 뜁니다.

회복 구간에서 심박이 1분에 20bpm 이상 떨어지면 심장 회복력이 양호하다는 신호입니다. 반대로 10bpm 이하만 내려간다면 휴식이나 강도 조절이 필요합니다.

과훈련을 경고하는 3가지 지표
: 심박 변이도, 수면의 질, 근육통

스마트 워치나 스마트폰 앱을 활용하면 심박 변이도(Heart Rate Variability, HRV)도 파악할 수 있습니다. 심박 변이도가 평소보다 10% 이상 떨어지고 휴식 심박수가 5bpm 이상 높아지면 과훈련 가능성이 큽니다.

밤에 뒤척임이 늘어 수면 효율이 85% 아래로 떨어진다면 즉시 운동 강도를 10% 줄이고 휴식일을 추가합니다. 근육통이 48시간 이상 지속되고 RPE가 평소보다 한 단계 높게 느껴진다면 회복 요가나 스트레칭만 수행하고 슬로 조깅은 쉬어야 합니다.

이후 심박 변이도, 수면의 질, 근육통의 세 가지 지표가 정상으로 돌아오면 점진적으로 운동 강도를 복원합니다. 이것이 중년 이상의 러너가 부상 없이 꾸준히 달리는 회복 관리의 핵심입니다.

건강하고 효율적인
슬로 조깅을 위한 5가지 수칙

걷기와 러닝의 중간 단계인 슬로 조깅은 관절에 무리를 주지 않으면서도 체력을 향상시켜주는 효과가 뛰어난 저강도·저충격 달리기라고 앞서 이야기했습니다. 슬로 조깅의 핵심은 신체에 부담을 주지 않고도 운동 효과를 얻는 데 있습니다. 하지만 운동에 몰입하다 보면 자기도 모르는 사이 목표를 무리하게 설정하게 되고, 슬로 조깅 본연의 즐거움을 놓치게 됩니다.

다음은 건강하고 효율적인 슬로 조깅을 위해 꼭 기억하고 실천해야 할 다섯 가지 수칙입니다. 이 수칙들을 꾸준히 잘 실천하면, 안전하고 효과적으로 슬로 조깅을 즐길 수 있습니다.

① 연령에 따라 슬로 조깅의 목표를 유연하게 조정하라

20~40대는 하체 근력이 충분하고 관절 유연성이 좋아 보폭이 자연적으로 '키×0.42' 이상 되어도 충격을 흡수할 여력이 있습니다. 반면에 50대 이상은 근육이 매년 1%씩 줄어들고 힘줄 탄성이 떨어져서 20~40대와 같은 수준의 보폭을 유지하면 무릎과 발목에 과부하가 쌓입니다. 따라서 젊은 층은 케이던스를 5spm 올려도 즉시 속도에 적응하지만, 50대 이상은 심폐와 근골격계가 동시에 피로해져 회복하는 데 최소 72시간이 필요합니다. 슬로 조깅을 위한 훈련을 할 때는 이와 같은 생체역학을 충분히 고려해야 합니다.

20~40대는 '힙 힌지'와 하체 파워 드릴로 추진력을 높이는 것이 효과적입니다. 50대 이상은 '싱글 레그 밸런스'와 종아리 스트레칭으로 안정성을 먼저 확보하는 게 우선입니다. 유연성 측면에서도 젊은 층은 햄스트링의 가동 범위가 10도 이상 넓어 긴 보폭에도 허리가 무리 없이 펴지지만, 고령자는 뒷다리의 유연성이 부족해 허리가 뒤로 젖혀져서 요통의 위험이 높습니다.

또한, 젊은 층은 주간 거리 10% 증량을 소화할 수 있고 속도 변동 훈련에도 빠르게 적응하지만, 50대 이상은 거리 증량보다 케이던스 유지와 회복 걷기를 중심으로 부하를 조절해야 합니다. 특히 근육 손실이 진행된 고령자는 비타민 D와 단백질 섭취를 병행해 하체 근력을 유지해야 보폭이 감소하는 것을 늦출 수 있습니다. 즉, 20~40대는 '힘과 속도의 최적화', 50대 이상은 '안정과 회복 최적화'가 핵심 전략입니다.

② 케이던스와 보폭은 점진적으로 높여라

케이던스를 올릴 때는 한 번에 많이 높이지 말고 일주일에 5spm씩만 단계적으로 높여야 몸이 무리 없이 적응합니다. 케이던스가 올라가면 자동으로 보폭이 짧아지므로 착지 시 충격이 줄어드는데, 이때 미드 풋 착지를 의식하면 무릎과 발목에 전해지는 힘이 20% 이상 낮아집니다. 만일 케이던스를 올려도 보폭이 여전히 길다면, 매주 2cm씩만 줄이는 방식을 쓰길 권유합니다.

스마트폰에 메트로놈 앱을 설치해 170bpm으로 설정하고 발걸음을 박자에 맞추면 회전수가 안정돼 리듬을 잃지 않습니다. 처음에는 200m만 메트로놈 앱의 박자를 따라 슬로 조깅을 합니다. 점차 거리가 늘어나면 메트로놈 앱의 박자에 의존하지 않고도 목표 케이던스를 유지할 수 있게 됩니다.

보폭을 줄일 때는 팔을 90도로 접어 가볍게 흔들어 상체 리듬을 빠르게 만들어주는 것이 도움이 됩니다. 이와 같은 훈련을 통해 발이 몸보다 앞에 떨어지는 오버스트라이드가 줄어들면 종아리의 뻐근함과 허리 통증이 눈에 띄게 감소합니다.

케이던스와 보폭을 조정하는 과정에서 효과적인 드릴로 '제자리 빠른 발 딛기'를 추천합니다. 이 드릴을 반복해 신경계가 새 리듬을 빠르게 학습하도록 합니다. 변화가 빠르게 느껴지지 않아도 최소 2주는 동일한 케이던스 범위를 유지해 근육과 힘줄이 완전히 적응하도록 하세요. 주간 기록표 및 체크리스트에 케이던스와 보폭 평균을 적어 숫자로 확인하면 동기부여가 훨씬 쉬워집니다.

③ 무리한 훈련보다 적절한 회복이 더 중요하다

슬로 조깅을 비롯해 어떤 운동이든 퍼포먼스를 향상하려면 꾸준한 훈련을 통해 자신이 도달하고자 하는 목표 수치를 조금씩 올려나가야 합니다. 그렇다고 해서 무리한 목표를 설정하면 부상의 위험은 물론이고 자칫 운동에 흥미가 떨어질 수도 있습니다.

주간 훈련 부하를 설계할 때의 기본은 '10% 룰'입니다. 전주 대비 거리·시간을 10% 넘기지 않는다는 뜻입니다. 특히 50대 이상은 강도 높은 세션 뒤 최소 '72시간 휴식 룰'을 지켜서 같은 부위에 커다란 부하를 이틀 연속으로 주지 않는 것이 안전합니다.

스마트 워치의 심박 변이도 값이 평소보다 10% 이상 떨어지면 회복이 충분하지 않다는 신호이므로 운동을 하루 쉬고 주간 계획을 수정합니다. 취침 전 스마트 워치에 기록된 수면 스코어가 80 미만이면 성장 호르몬 분비가 줄어 근육 회복이 늦어지므로 30분 일찍 잠자리에 눕고, 오후 2시 이후에는 카페인 섭취를 피합니다.

회복일에는 시속 4km 이하의 저강도 회복 걷기 30분으로 혈류의 순환을 높여 근육에 영양분을 빨리 공급해줍니다. 폼롤러를 활용한 근막 이완과 스트레칭 10분을 포함해 종아리, 햄스트링, 고관절을 풀어주면 다음 세션에서 보폭 감소를 방지할 수 있습니다. 일주일 동안 슬로 조깅을 하고자 하는 총 거리가 30km라면 24km는 RPE 4 이하로, 나머지 6km는 RPE 5 수준으로 배치해 체력 향상 자극과 회복의 균형을 유지합니다.

금요일 밤에는 심박 변이도와 휴식 심박수를 체크해 두 지표가 정상인지 확인한 후, 주말 장거리 세션을 어떻게 구성할지 결정하면 과훈련 위험이 크게 줄어듭니다. 일요일에는 미지근한 샤워와 가벼운 스트레칭으로 혈류를 유지해 미세 손상의 회복을 돕습니다.

이렇게 '10% 룰', '72시간 휴식 룰', 심박 변이도 및 수면 모니터링, 회복 걷기를 병행하면 중년 이후에도 부상 없이 꾸준히 슬로 조깅을 즐길 수 있습니다.

④ 부상 예방 드릴을 습관화하라

슬로 조깅은 몸에 무리를 주지 않고도 꾸준히 달릴 수 있는 가장 안전한 러닝 형태입니다. 그러나 천천히 달린다고 해서 부상이 완전히 없는 것은 아닙니다. 잘못된 자세나 반복되는 충격은 무릎, 종아리, 허리의 통증으로 이어질 수 있습니다. 이를 예방하기 위해서는 단순히 속도를 늦추는 것보다 몸의 사용 패턴을 바로잡는 드릴이 필요합니다. 슬로 조깅의 부상 예방 드릴은 크게 세 가지입니다.

첫째, 자세 드릴입니다. 벽에 등을 대고 서서 머리, 어깨, 엉덩이, 발뒤꿈치가 일직선이 되도록 정렬합니다. 그다음 그 자세를 유지한 채 무릎을 가볍게 들어 올리는 연습을 반복합니다. 이 훈련은 상체가 뒤로 젖혀지거나 골반이 앞쪽으로 쏠리는 자세를 교정해줍니다.

둘째, 리듬 드릴입니다. 제자리에서 가볍게 톡톡 뛰며 발이 지면에 머무는 시간을 최소화하는 것이 포인트입니다. 음악 템포(분당 170~180bpm)에 맞춰 수행하면 이상적입니다. 이 동작은 과도한 착지 충격을 줄이고, 발의 탄성을 되살리는 데 효과적입니다.

셋째, '힙 드라이브(Hip Drive)' 드릴입니다. 단어 뜻 그대로 엉덩이를 단련시키는 드릴로 고관절을 굽혔다가 펴는 것이 핵심입니다. 벽을 손으로 짚은 채 한쪽 다리를 뒤로 가볍게 밀어내며 엉덩이 근육을 의식적으로 사용합니다. 이 동작은 허벅지 앞쪽 위주의 착지 습관을 개선하고, 엉덩이와 햄스트링이 주동근으로 작용하도록 돕습니다.

이 세 가지 드릴을 매일 슬로 조깅 전 5분만 실천해도 자세가 안정되고, 충격이 분산되어 부상 위험이 크게 줄어듭니다. 슬로 조깅의 핵심은 속도가 아니라 부드러운 리듬과 정렬된 축을 만드는 것입니다. 몸을 바르게 세우고, 가볍게 발을 딛는 습관을 만드는 것이 최고의 부상 예방법입니다.

⑤ 동기 유지 전략을 구사하라

동기를 오래 유지하려면 매주 같은 요일, 같은 시간에 만나는 그룹 런 일정을 잡는 것도 좋은 방법입니다. 혼자 달리려고 마음먹으면 상황에 따라 안 하기 쉽지만, 여럿이 약속을 잡아 달리면 억지로라도 나가게 됩니다. SNS에 '주 3회 170spm' 같은 작은 목표를 해시태그로 올려 서로 인증하는 챌린지를 수행하는 것도 추천합니다. 주말에는 배우자나 자녀와 함께 운동을 하는 것도 추천합니다. '파워 워킹 20분+카페에서 커피 한 잔' 같은 식으로 운동과 운동 후의 보상을 묶으면 운동이 가족 이벤트로 바뀌어 하지 않을 명분이 사라집니다.

스마트 워치에 기록되는 수치를 슬로 조깅을 함께하는 가족이나 동료와 실시간으로 공유하면 숫자가 바로 비교돼 경쟁심이 자극되어 자연히 슬로 조깅 걸음 수가 늘어납니다. 한 달 뒤 달리고 싶은 목표 거리나 감량을 희망하는 체중을 A4 용지에 적어 잘 보이는 곳에 붙여두거나 휴대폰 배경화면으로 설정해두면, 구체적인 그림이 머릿속에 남아 의지가 흔들릴 때마다 운동을 포기하려는 마음을 붙잡아줍니다.

슬로 조깅 후 느낀 몸의 가벼움이나 수면 개선 같은 좋은 변화를 하루 한 줄씩 메모하면 긍정적인 감정이 누적되며 의욕이 더 단단해집니다. 한 주 동안의 슬로 조깅 계획을 세울 때, 목표를 본래 달성하고자 하는 수치의 90% 정도로만 설정하면 심리적 여유가 생겨 실패의 경험 없이 목표 달성률이 올라갑니다.

매달 마지막 주에는 2km 타임 트라이얼이나 체중 및 허리둘레 측정을 통해 성과를 수치로 확인하면 보상이 더 확실해집니다. 새로운 러닝화를 기념일 선물로 예약해두면 목표 달성을 향한 즐거운 '당근'으로 작용해 슬로 조깅을 중간에 포기할 이유가 줄어듭니다. 달리기 전후의 스트레칭 영상을 가족이나 친구에게 보내 '오늘도 운동했어'라는 짧은 메시지를 주고받으면 작은 칭찬을 통해 큰 지속성을 만들 수 있습니다.

점진적 케이던스 향상을 위한 훈련법

앞서 슬로 조깅을 위한 기본 개념과 원칙을 배웠다면, 이제는 점진적인 퍼포먼스 향상을 위한 구체적인 훈련법을 익힐 차례입니다.

미드 풋 교정 트레이닝

슬로 조깅 시 꼭 신경을 써야 하는 부분은 올바른 토 풋에서 미드 풋 착지입니다. 걷기에서도 올바른 발바닥의 사용법이 중요했듯이, 슬로 조깅을 할 때는 발끝 착지에서 발의 중간으로 자연스럽게 착지하는 감각을 길러야 합니다.

이를 위한 가장 기초적인 교정 운동은 '제자리 교차 발뒤꿈치

들어 올리기'입니다. 운동 방법은 간단합니다. 제자리에 서서 한 발씩 교차하듯 가볍게 들어 올리며, 발뒤꿈치는 지면에서 살짝 떼고 발바닥의 중간 부분으로 중심을 유지합니다. 이때 무릎은 과도하게 들지 말고, 리듬감 있게 좌우로 번갈아 움직입니다.

또한, 상체는 곧게 세우고 어깨의 힘을 빼며 시선은 정면을 향합니다. 처음에는 1분 정도로 시작해 몸이 익숙해지면 3분, 5분까지 점진적으로 시간을 늘려갑니다. 중요한 것은 수행하는 속도가 아니라 발바닥 중간에 체중이 실리는 감각을 느끼는 것입니다. 이 동작은 종아리와 발목 주변 근육의 긴장을 완화하고, 토 풋에서 미드 풋 착지 시 필요한 균형 감각과 근지구력을 향상시킵니다.

제자리 교차 발뒤꿈치 들어 올리기(메트로놈) 

'제자리 교차 발뒤꿈치 들어 올리기(메트로놈)' 운동은 토 풋 착지에서 미드 풋 착지 리듬과 발 반응 속도를 익히는 좋은 방법입니다. 이를 꾸준히 연습하면 달릴 때 발뒤꿈치가 먼저 닿는 버릇이 줄어들고, 발끝으로 착지한 다음 발의 중앙으로 부드럽게 착지해 충격을 흡수하는 슬로 조깅의 올바른 보행 리듬을 만들 수 있습니다.

먼저 제자리에 곧게 서서 시선을 정면으로 향합니다. 팔은 가볍게 굽혀 러닝을 할 때처럼 자연스럽게 흔들고, 어깨는 힘을 빼둡니다. 이제 한 발씩 교차하듯 발뒤꿈치를 가볍게 들어 올리며 제자리에서 빠르게 리듬을 만듭니다. 발바닥의 중간(미드 풋)이 땅에 닿도록 하고, 뒤꿈치는 완전히 내리지 않습니다. 이때 1분에 175회의 박자, 즉 분당 170~180스텝(평균 175spm)의 리듬을 유지하며 좌우로 발을 번갈아 가면서 부드럽게 들어 올립니다. 초보자라면 메트로놈을 120bpm 정도로 맞추고 연습해도 좋습니다.

처음에는 30초~1분 정도로 시작해 점차 3분, 5분으로 시간을 늘려갑니다. 발의 리듬이 익숙해지면 상체가 앞뒤로 흔들리지 않도록 코어를 단단히 유지하고, 발끝이 아니라 발의 중간으로 지면을 가볍게 톡톡 두드리듯 착지하는 감각을 익힙니다. 이 동작은 발목과 종아리의 탄성 근육을 활성화하고, 충격 흡수 능력과 리듬감 있는 미드 풋 착지를 만드는 데 효과적입니다. 또한, 심박수를 자연스럽게 올려 유산소 능력을 자극하면서도 관절에 부담이 적어 초보자나 중년층이 슬로 조깅 전 워밍업이나 교정 훈련용으로 실시하기에 적합합니다.

'월 마치 미드 풋(메트로놈)'은 슬로 조깅과 보행 교정에 도움이 되는 기초 자세 안정화 훈련입니다. 이 동작은 벽에 몸을 살짝 기대어 한쪽 다리를 번갈아 들어 올리며 몸의 축과 중심을 잡는 능력을 기르는 데 목적이 있습니다.

벽을 마주 보고 약 30도 정도 기대어 서서, 양발을 어깨너비로 벌리고 몸의 긴장을 풀어줍니다. 이때 머리부터 발끝까지 일직선이 되도록 유지하고, 허리가 꺾이지 않도록 복부에 가볍게 힘을 줍니다. 그 상태에서 한쪽 무릎을 들어 허벅지가 지면과 평행이 될 정도로 올리고, 다시 내리면서 반대쪽 다리를 들어 올립니다. 좌우 교차로 반복하며, 몸의 중심이 흔들리지 않도록 코어로 균형을 유지하는 것이 중요합니다. 처음에는 1분 정도 수행하며 동작의 리듬과 자세를 익힌 뒤, 점차 시간을 늘려 최대 5분까지 지속합니다. 이 과정에서 다리의 근지구력과 균형 감각이 향상되고, 걷기나 달리기 중에도 몸의 중심을 잃지 않고 토 풋에서 미드 풋 착지를 유지하는 능력이 자연스럽게 길러집니다.

메트로놈을 170bpm에 맞춰 슬로 조깅 리듬 익히기

메트로놈을 170bpm에 맞춰 슬로 조깅을 하는 것은 일정한 리듬 속에서 몸의 움직임을 안정시키고 에너지 효율을 높이는 훈련입니다. 170bpm은 분당 170번의 비트가 울린다는 뜻으로, 한 박자마다 한 발이 지면에 닿는 타이밍을 맞추는 것이 핵심입니다. 즉, '딱(왼발), 딱(오른발)'의 반복 속에서 발의 리듬과 몸의 중심 이동이 자연스럽게 이어져야 합니다.

처음에는 스마트폰에 메트로놈 앱을 설치해 170bpm으로 설정하고, 서 있는 상태에서 박자에 맞춰 제자리에서 발을 번갈아 들어 올리며 리듬을 익힙니다. 이때 무릎을 높이 드는 대신 발목에서 가볍게 팅기듯 움직이며, 상체가 흔들리지 않도록 코어를 단단히 유지하는 것이 중요합니다. 리듬에 익숙해지면 제자리 조깅에서 앞으로 천천히 이동하면서, 걷는 듯하지만 양발이 순간적으로 공중에 뜨는 짧은 주기 속에서 리듬을 이어갑니다. 이렇게 하면 걷기보다 빠르고 러닝보다 부드러운 움직임이 만들어집니다.

발바닥은 뒤꿈치로 내딛지 않고, 발의 중간(미드 풋)으로 착지합니다. 지면에 닿는 순간 발 전체가 살짝 눌리듯 하며, 그 반발력을 이용해 다음 발로 부드럽게 넘어갑니다. 그러면 착지 충격을 발목, 무릎, 엉덩이 근육이 동시에 흡수해 분산시키고, 몸이 수직으로 크게 흔들리지 않습니다. 보폭은 짧게 유지하면서, 리듬만 정확히 맞추면 자연스럽게 속도는 몸의 리듬에 맞게 조절됩니다.

메트로놈의 일정한 박자에 몸을 맞추면, 근육과 신경계가 일정한 타이밍에 반응하게 되어 에너지 소비가 균일하고 효율적인 주기적 움직임이 만들어집니다. 이는 과도한 보폭으로 인한 충격을 줄이고, 러닝 시 흔히 발생하는 피로 누적이나 관절 부담을 예방합니다. 또한, 일정한 리듬은 호흡의 템포를 안정시켜 숨이 가빠지지 않고 대화가 가능한 정도의 중강도 상태를 유지하게 만듭니다.

결국 메트로놈 앱을 활용해 170bpm에 맞춰 슬로 조깅을 하는 것은 속도를 높이기 위한 훈련이 아니라, 리듬을 일정하게 유지하며 몸 전체의 움직임을 정돈하는 조율 훈련입니다. 이 리듬 속에서 발과 팔, 호흡이 하나의 패턴으로 맞춰지면, 러닝의 효율성이 크게 높아지고 장시간 달리더라도 체력 소모가 덜하며 부상 위험이 줄어듭니다. 일정한 리듬으로 가볍게 땅을 딛는 느낌을 몸에 익히는 것이 핵심이며, 이는 슬로 조깅의 본질인 '가볍고 지속 가능한 움직임'을 완성하는 가장 좋은 방법입니다.

슬로 조깅 강도 익히기

슬로 조깅의 저강도 단계는 운동을 처음 시작하거나 체력이 약한 사람에게 적합합니다. 이 단계에서의 목표는 속도나 거리보다 몸의 리듬과 호흡을 안정시키고, 관절과 근육을 부드럽게 움직이는 것입니다. 걸음보다 약간 빠른 정도의 속도로 달리며, 한 발이 땅에서 완전히 떨어지는 순간이 있지만 움직임은 매우 가볍습니다. 발바닥은 뒤꿈치가 아닌 발가락 끝이 먼저 닿고 이어서 발의 중간이 닿으며, 착지 후 곧바로 부드럽게 밀어내는 느낌으로 연결됩니다. 보폭은 짧고, 케이던스는 150~160spm 정도로 일정한 리듬을 유지합니다. 호흡은 대화가 충분히 가능한 수준으로, 숨이 차지 않아야 합니다.

심박수는 최대 심박수의 50~60% 수준이어야 하며, 이때 에너지원으로 주로 지방이 사용됩니다. 이 강도의 슬로 조깅은 심혈관계에 부담을 주지 않으면서 혈액순환을 촉진하고, 근육의 탄성 회복과 피로 해소에 도움이 됩니다. 특히 운동 후 회복기 중인 사람, 고령자, 또는 장시간 앉아 있는 생활 습관을 가진 사람들에게 몸을 다시 활성화시키는 가장 좋은 형태의 워밍업 방법입니다.

중강도 슬로 조깅은 몸의 컨디션이 어느 정도 회복됐거나 꾸준히 걷기 운동을 해온 사람에게 적합합니다. 이 단계에서는 움직임이 조금 더 경쾌해지고, 호흡이 약간 가빠지지만 문장으로 대화가 가능합니다. 발의 착지는 여전히 토 풋에서 미드 풋을 중심으로 하지만, 착지와 추진의 전환이 더 빠르고 리듬감 있게 이루어집니다. 케이던스는 약 160~180spm으로 증가하며, 보폭은 여전히 짧게 유지됩니다.

심박수는 최대 심박수의 60~75% 수준으로, 지방과 탄수화물이 함께 에너지원으로 사용됩니다. 이 강도에서는 체온이 상승하고, 땀이 나기 시작하며, 심폐 기능과 근육 협응 능력이 동시에 향상됩니다. 특히 코어와 엉덩이 근육의 안정성이 확보되면서 착지 충격이 줄어들고, 무릎과 발목에 부담이 적은 상태로 지속적인 러닝 감각을 익힐 수 있는 전환 단계입니다. 중강도 슬로 조깅은 일정한 리듬을 유지하면서 장시간 운동이 가능하므로, 지구력 향상, 체지방 감소, 스트레스 완화에 탁월합니다.

스마트폰·스마트 워치의 '자동 spm 알림' 활용하기

스마트 워치나 스마트폰에 설치한 러닝 앱에서 '자동 spm 알림'을 켜두면 케이던스가 목표 범위를 벗어날 때 진동이나 소리로 즉시 알려줍니다.

먼저 설정 메뉴에서 목표 케이던스를 170spm으로 입력하고 목표 케이던스에서 5spm 이하로 떨어지면 경고가 울리도록 알림 한계를 지정해주세요. 달리기 전에 '제자리 마칭' 30초로 리듬을 깨운 뒤 메트로놈 앱의 도움 없이 200m를 천천히 달려 실제 케이던스 수치를 확인합니다. 경고가 자주 울리면 '하이 니'(70쪽) 20m와 'A-스킵'(172쪽) 20m를 추가해 발걸음 회전수를 빠르게 만들어줍니다. 다시 200m를 달려 경고가 줄어들면 몸이 새 리듬을 학습한 것입니다.

이제 1km를 달리며 알림을 받지 않고 케이던스를 유지하는지를 시험해보세요. 만약 경고가 다시 울리면 보폭을 2cm 줄이고 팔을 90도로 접어 빠르게 흔들어 발걸음 속도를 끌어올립니다. 세션을 마친 뒤 앱 히스토리에서 구간별 spm 그래프를 확인해 평균값과 일관성을 점검합니다. 목표 범위 안에 머무른 시간이 70% 이상이면 교정이 제대로 이루어지고 있는 것입니다. 이 과정을 주 3회 반복하면 2주 뒤에는 알림 없이도 자연스럽게 170spm 리듬을 유지할 수 있습니다.

운동장 테스트 프로토콜:
100m 코스, 1분 달리기-1분 걷기

운동장 테스트 프로토콜은 50m 구간 표시 두 개를 해둔 100m 직선 코스를 만들고, 스마트 워치나 스마트폰 러닝 앱의 '자동 spm 알림'을 켠 상태에서 '1분 달리기-1분 걷기'를 6세트 반복하며 리듬과 피로도를 동시에 점검하는 것입니다. 달리기 구간에서는 170spm을 목표로 100m를 45~50초 안에 통과해 리듬이 흔들리지 않는지 확인합니다. 걷기 구간에서는 100m를 약 1분간 천천히 걸어 심박을 최대치의 60% 이하로 회복합니다.

1~2세트에서 메트로놈 소리에 맞춰 달리고, 보폭을 2cm 줄이고 팔 스윙을 빠르게 해 케이던스를 즉시 교정합니다. 3~4세트에서는 메트로놈 앱의 도움 없이 머릿속 박자에만 의존해 달려서 알림 빈도를 더 줄여봅니다. 5~6세트에서 알림이 한 번도 울리지 않으면 170spm 패턴이 몸에 각인된 것으로 판단해도 좋습니다.

세션을 마친 뒤 스마트 워치나 스마트폰의 러닝 앱에서 각 세트별 spm과 랩타임을 확인해 5% 이상 변동이 있는 세트를 체크하고, 다음 훈련에서 해당 구간에 맞는 드릴을 추가합니다. 100m를 45초 미만으로 통과해 속도가 과도하게 올라가면, 케이던스는 유지하되 보폭을 1cm 줄여 관절에 가해지는 충격을 높이지 않습니다. 통증이 생기면 세트 수를 4회로 줄이고 회복 걷기를 90초로 늘려 과부하를 방지합니다. 이 프로토콜을 주 2회 반복하면 4주 후 케이던스 안정률이 80%를 넘어 러닝 이코노미가 확실히 개선됩니다. 모든 테스트는 평평한 트랙이나 밝은 공원 길에서 수행해 GPS 오차와 안전 위험을 최소화합니다.

낮은 케이던스와 오버스트라이드 문제, 어떻게 해결할까?

점진적인 케이던스 향상 훈련을 하다 보면, 흔히 두 가지 문제에 부딪힙니다. 하나는 낮은 케이던스 문제이고, 다른 하나는 오버스트라이드 문제입니다.

먼저 낮은 케이던스 문제부터 살펴보겠습니다. 케이던스가 160spm 이하로 떨어지고 숨이 차며 무릎이 아플 수가 있습니다. 이럴 때는 메트로놈 앱을 170bpm에 맞추고 '발목 조깅'(168쪽) 30초로 신경계를 깨운 뒤 'A-스킵'(172쪽) 20m×2세트로 보폭을 줄이며 회전수를 끌어올리세요. 팔은 90도로 접어 앞뒤로 빠르게 흔들어 리듬을 유지하고, 시선은 5m 전방으로 두어 상체가 뒤로 젖혀지지 않도록 합니다.

발이 몸보다 멀리 떨어지는 오버스트라이드로 무릎 충격이 큰 경우도 안전한 슬로 조깅을 방해하는 문제입니다. 이때는 보폭을 2cm 줄이고 케이던스를 5spm 높이면 발이 몸 아래로 수직 착지해 충격이 20% 감소합니다. '월 마치 미드 풋(메트로놈)'(132~133쪽)을 하고, 벽에 등을 기댄 후 앞꿈치로 가볍게 튕겨 오르는 '린 홉(Lean Hops)' 20회×2세트로 미드 풋 착지의 감각을 몸에 각인하세요. 달릴 때 척추를 곧게 세우고 배에 힘을 주면 골반이 과도하게 앞으로 기울지 않아 보폭이 자동으로 짧아집니다.

주 1회 스마트폰의 슬로 모션 기능을 활용해 옆모습을 찍어 발이 무릎보다 앞에 나오는지 확인하고, 오버스트라이드 구간에 '하이 니'를 추가해 고관절 가동성을 넓히면 교정이 빨라집니다. 케이던스 목표 범위에 70% 이상 머무르면 낮은 spm과 오버스트라이드는 동시에 해결됩니다.

케이던스를 서서히 끌어올리는 8주 프로그램

케이던스를 서서히 끌어올리는 슬로 조깅 8주 프로그램은 크게 '기초 구축, 리듬 고정, 거리 확대, 속도 향상'의 네 단계로 나뉩니다. 주간 러닝 시간과 거리는 전주 대비 10 % 이상 늘리지 않는 '10% 룰'을 지켜 부상을 막습니다. 모든 세션은 슬로 조깅 중심이며, 휴식일에는 7000보 이상 걷기로 회복을 돕습니다. 주간 기록표 및 체크리스트에 거리, 케이던스, 통증 등을 적어 스스로 진도를 확인하세요.

1~2주 차: 기초 구축

케이던스 160spm으로 20분간 슬로 조깅을 주 3회 진행해 몸을 리듬에 익숙하게 만듭니다. 세션 전 '하이 니'와 '월 마치' 드릴을 5분 넣어 고관절과 복근을 깨웁니다. 나머지 날에는 가벼운 걷기로 하루 7000보 이상 움직여 근육의 뻣뻣함을 예방합니다. 통증이 있으면 러닝 시간을 15분으로 줄이고 스트레칭 시간을 늘려 주세요.

목표

- 빠르지 않게, 리듬만 익히기
- 착지 위치와 상체 긴장 해소
- 주 3회 러닝
- 슬로 조깅 20분×3회
- 케이던스 160spm 고정
- RPE 2~3

세션 구성

- 워밍업 5분
- 제자리 하이 니 30초×3세트
- 월 마치 10회×2세트
- 슬로 조깅 20분
- 발은 몸 아래로 착지

- 보폭 줄이고 발 회전만 빠르게

- 쿨다운 5분

- 종아리 · 햄스트링 · 고관절 스트레칭

주의 사항

- 종아리 · 아킬레스 긴장 시 → 15분으로 축소

- 보폭 늘리기는 절대 금지

3~4주 차: 리듬 고정

케이던스를 170spm으로 올리고 30분 연속 달리기에 도전합니다. '5분 달리기+1분 걷기' 인터벌을 4세트 실시해 리듬을 몸에 각인합니다. 세션 뒤 '플랭크' 40초×3세트로 코어를 강화해 자세 흔들림을 줄입니다. 주간 기록표 및 체크리스트에 기록된 케이던스 평균이 165spm 이상이면 다음 단계로 넘어갑니다.

목표

- 케이던스를 의식하지 않아도 유지하기

- 상 · 하체 연결 안정화

- 주 3~4회 러닝

- 주간 총 러닝 시간 70~80분

세션 A(2회)

- 5분 조깅+1분 걷기×4세트(총 24분)

- 케이던스 170spm

세션 B(1~2회)

- 연속 슬로 조깅 30분

- RPE 3

보강 운동(러닝 후)

- 플랭크 40초×3세트

- 사이드 플랭크 30초×2세트

다음 단계로 넘어가는 기준

- 평균 케이던스 165spm 이상

- 무릎 · 종아리 통증 3 이하

5~6주 차: 거리 확대

주간 슬로 조깅 시간을 90분까지 늘리되 러닝 전체 훈련량의 대부분(80%)은 편안하게, 일부만(20%) 자극적으로 구성하는 규칙을 지켜 피로를 관리합니다. 한 주에 한 번 5km 단체 슬로 조깅에 참여해 실전 페이스를 경험하는 것도 추천합니다. 하체 스트레칭 시간을 5분으로 늘려 근육 회복을 돕고, 아침 심박 변이도가 10% 떨어지면 거리를 10% 줄여 회복 주간으로 전환합니다.

목표

- 리듬을 유지한 채 오래 달리기
- 피로 관리 학습
- 주 4회 러닝
- 주간 총 러닝 시간 90분 이내

세션 구성

- 이지(Easy) 러닝 2~3회(RPE 2~3, 25~30분)
- 모더레이트(Moderate) 러닝 1회(RPE 4, 30분)

원칙

- 이지 러닝 80% / 모더레이트 러닝 20% 비율 유지
- 케이던스 170~172spm 자연스럽게 유지

추가 옵션

- 주 1회 5km 단체 슬로 조깅
- 러닝 후 스트레칭 5분 → 8분으로 증가

컨디션 관리

- 아침 심박 변이도 10% 하락 또는 다리 무거움 지속되면
 → 다음 주 거리 10% 감소

7~8주 차: 속도 향상

케이던스를 175spm으로 유지하며 15분 템포 런(Tempo Run, 일정한 속도로 달리는 것)을 세션당 1회 추가해 심폐 기능을 자극합니다. 나머지 세션은 RPE 4 이하로 달려 과훈련을 방지합니다. 주간 총 러닝 시간은 100분을 넘지 않도록 하고, 발목·무릎 통증이 생기면 템포 런을 인터벌 세션(5분 달리기+1분 걷기)으로 대체합니다.

목표

- 리듬 유지한 상태에서 심폐 자극

- '빠르게'가 아닌 '깔끔하게'

- 주 4회 러닝

- 주간 총 러닝 시간 100분 이내

세션 A(1회)

- 템포 런 15분

- 케이던스 175spm

- RPE 4~5

- 호흡은 힘들지만 속도를 올려 달리는 데는 어려움이 없음

세션 B(2~3회)

- 슬로 조깅 25~30분

- RPE 2~3

통증 발생 시 대체 활동

- 템포 런 대신 2분 조깅+1분 걷기×6세트의 인터벌

주간 기록표 및 체크리스트를 활용한 평가 및 리셋

8주 차 마지막 날에 2km 타임 트라이얼을 실시해 기록, 케이던스, RPE를 점검합니다. 목표의 90% 이상을 달성했고 통증이 2 이하라면(10점 만점 기준), 다음 단계인 슬로 조깅 거리 증가 프로그램으로 넘어갈 준비가 완료된 것입니다. 기록이 기대치보다 낮거나 피로가 남아 있으면 5~6주 차 로드맵을 일주일 더 반복해 몸을 안정화하세요.

"근력 제로였던 제가 이젠 주말 러닝을 즐깁니다."

40대 후반의 연정 씨는 두 아이의 엄마이자 누구보다 성실한 직장인이었습니다. 몇 달 전부터 무릎이 시큰거리는 느낌이 있었지만, '중년이면 다 그렇지'라며 대수롭지 않게 넘겨왔죠. 그러던 어느 날, 파란불이 막 켜진 횡단보도를 건너려던 순간, 무릎에서 갑자기 '툭' 하는 느낌이 들며 강한 통증이 몰려왔습니다. 서둘러 걷는 사람들 사이에서 연정 씨는 한 걸음도 떼지 못한 채 8차선 도로 한가운데에 주저앉을 수밖에 없었습니다. 다행히 주변 사람들의 도움으로 가까운 병원까지 갈 수 있었지만, 이후 치료를 위해 갑작스럽게 휴직까지 해야 하는 등 생활 반경이 한순간에 위축되고 말았죠.

병원을 오가며 약물 치료와 물리 치료를 꾸준히 받았지만, 무릎의 통증은 큰 차도가 없었습니다. 계단을 오를 때마다 아픈 것은 물론이었고, 걷는 속도는 점점 느려졌습니다. 몸이 마음대로 움직이질 않으니 마음도 무거워졌습니다. 저와 처음 만난 날, 연정 씨는 불안한 표정으로 이렇게 말했습니다.

"제가 다시 제대로 걸을 수 있을까요?"

저는 연정 씨에게 통증 그 자체가 문제가 아니라고 이야기했습니다. 통증은 몸이 보내는 신호로, 심한 통증을 느낀다는 것은 그만큼 기초 근력이 부족해 몸이 보행을 비롯한 기본적인 움직임조차 감당할 수 없는 상황에 이른 것이라고 설명했습니다. 연정 씨에게 필요한 것은 무리한 운동이 아니라 기초 근력을 회복하는 일이었습니다. 이윽고 허벅지 앞뒤 근육의 균형, 둔근의 활성화, 발 아치의 회복, 코어 안정성 등 그동안 잊고 살았던 몸의 기본 기능을 천천히 되살리는 과정이 시작됐습니다.

처음 한 달간은 무거운 것도 들지 않았고, 빨리 뛰지도 않았습니다. 그저 다시 걷고, 다시 일어서기 위한 기반을 다지는 시간이었습니다. 그렇게 기초부터 다시 쌓아나가자 믿기 어려운 일이 생겼습니다. 무릎을 구부리는 것조차 힘들어하던 연정 씨가 이제 계단을 오를 때 예전처럼 쿡쿡 쑤시는 통증이 느껴지지 않는다고 말했습니다. 그날 저는 늘 통증으로 인상을 찌푸리고 있던 연정 씨의 얼굴에 처음으로 미소가 스치는 모습을 볼 수 있었습니다.

**무릎 통증으로 고통받던 40대 후반의 여성,
달리기를 즐기는 러너로 거듭나다**

기초 근력이 회복된 것을 확인한 저는 연정 씨에게 다음 단계로 넘어가도 좋다고 조언했습니다. 이제야 몸을 움직일 준비가 되었다고, '빨리'보다는 '올바르게'가 중요하다고도 말했습니다. 저는 이 책에 소개한 '퍼펙트 러닝 3단계'를 연정 씨에게 맞춤한 형태로 적용해 차근차근 트레이닝 과정을 밟아나갔습니다. 걷기에서는 보행 패턴을, 슬로 조깅에서는 착지와 리듬을, 그리고 러닝에서는 몸 전체의 조화로운 흐름을 천천히 익혀갔죠. 처음에는 1km를 가는 것도 벅차 했지만, 연정 씨는 3~4주 사이 슬로 조깅으로 뛰는 시간을 10분, 15분, 20분으로 차츰차츰 늘려나갔습니다. 그사이 몸은 점점 가벼워지고 마음은 밝아졌습니다.

"선생님, 뛰는 동안에는 저 자신이 무척 자유로워지더라고요. 이제 저는 아픈 사람이 아니라 달릴 수 있는 사람이네요."

6개월이 지난 지금, 연정 씨는 일주일에 두 번 근력 운동을 하고 두 번은 걷기와 슬로 조깅을 합니다. 여기에 더해 주말에는 5~7km 러닝까지 즐깁니다. 불과 반년 전만 해도 8차선 도로 한복판에 주저앉아 울던 무릎 통증 환자였던 연정 씨가 러너로 거듭난 것입니다.

연정 씨는 이제 더 이상 아픈 사람이 아닙니다. 퍼펙트 러닝 3단계를 거치는 동안 자신의 몸을 스스로 돌보는 방법을 배웠기 때문입니다. 연정 씨의 사례는 특수한 경우가 아닙니다. 정확한 방법을 알고 내 몸에 맞춤한 속도를 지킨다면, 누구나 건강하게 걷고 뛰는 자유를 누릴 수 있습니다.

RUN! RUN! RUN!

러닝

근력 강화와 부상 예방,
회복 루틴에 집중하라

근력이 튼튼해야 러닝이 즐겁다

걷기와 슬로 조깅을 거쳐서 드디어 마지막 단계에 다다르신 것을 환영합니다. 우리는 지금까지 걷기를 통해 내 몸에 최적화된 보폭과 속도를 찾고, 발의 움직임을 정확하게 인지하고 내딛는 감각을 길렀습니다. 또한, 슬로 조깅을 통해 케이던스와 운동 강도를 점진적으로 높이는 방법을 익혔습니다. 그렇다면 최종 단계인 러닝을 건강하고 즐겁게 즐기려면 무엇을 훈련하고 익혀야 할까요? 효율적이고 안전한 러닝을 위해 필요한 것들이 참 많지만, 그 중에서도 가장 중요한 것을 딱 하나 고르라면 저는 단연 '근력 단련'을 꼽고 싶습니다.

러닝은 단순히 심폐 지구력에만 의존하는 운동이 아닙니다. 코어, 상지, 하지의 근력이 조화롭게 받쳐줘야만 탄력 있고 효율 좋은 러닝이 가능합니다. 우선 우리 몸의 중심부인 척추, 골반, 복부를 지탱하는 코어 근육은 몸의 중심을 잡아 에너지를 효율적으로 전달합니다. 또한, 팔이나 어깨, 가슴 등의 상지 근육은 리듬과 자세를 유지하며, 엉덩이와 허벅지 및 종아리 등의 하지 근육은 추진력과 안정성을 제공합니다.

이 세 부위가 조화를 이루어야만 러닝의 효율이 극대화되고, 부상 없이 오래 달릴 수 있습니다. 따라서 근력 트레이닝은 러닝을 위한 보조 운동이 아니라, 러닝의 완성도를 높이는 핵심 훈련이라고 할 수 있습니다.

코어 근력 강화 운동

러닝 동작의 중심에는 코어가 있습니다. 코어는 복부와 허리, 골반 주변의 근육들로 이루어져 있는데, 이 근육들은 몸통을 안정시키고 상체와 하체의 힘을 연결하는 축 역할을 합니다.

코어가 약하면 러닝 중 몸이 좌우로 흔들리고, 골반이 무너져서 자세가 흐트러집니다. 이는 결국 에너지 낭비로 이어져 같은 속도로 달려도 더 빨리 피로해집니다. 반대로 코어가 강하면 상체의 흔들림이 줄어들고, 다리에서 만들어지는 힘이 효율적으로 추진력으로 전달됩니다.

또한, 코어의 안정성은 허리 통증과 햄스트링 부상, 무릎 부정렬 등을 예방하는 데 큰 도움이 됩니다. 러닝 시 올바른 자세와 호흡 리듬을 유지하려면 코어 근력 강화는 필수입니다.

플랭크 상태에서 한 팔 또는 한 다리를 앞뒤로 쭉 뻗는 동작인 '플랭크 리치(Plank Reach)'는 코어 근력을 강화하는 좋은 방법입니다. 이때 엉덩이는 어깨와 뒤꿈치보다 조금 높은 상태를 유지하고, 골반과 몸통이 흔들리지 않도록 호흡을 먼저 뱉고 팔 또는 다리를 쭉 뻗습니다.

플랭크 리치(팔)

플랭크 리치(다리)

상지 근력 강화 운동

러닝은 하체만 사용하는 운동처럼 보이지만, 실제로는 상체의 안정성과 근력이 매우 중요합니다. 러닝 동작은 전신이 연결되어 수행되는데, 이때 상지 근육은 중력과 체중 부하 속에서 몸의 균형을 유지하고 추진력을 보조하는 역할을 합니다.

달릴 때 인체는 매 순간 한 발로 착지하며 체중의 약 2~3배에 달하는 충격을 받습니다. 이때 상지 근력이 약하면 충격이 몸통 전체로 전달되어 허리와 어깨, 목 주변에 긴장을 유발합니다. 특히 어깨와 팔, 등 근육은 이러한 반복적인 충격과 진동 속에서 몸의 중심이 무너지지 않도록 지탱하는 지주 역할을 합니다.

팔 스윙 또한 단순히 리듬을 만드는 동작이 아니라, 하체의 움직임과 균형을 맞춰 러닝 중 체중 이동을 부드럽게 이어주는 기능을 합니다. 상지 근력이 충분해야 팔 스윙이 자연스럽게 이루어지고, 그 반작용으로 다리의 추진력이 강화됩니다. 반대로 상지 근력이 약하면 상체가 구부정해지고, 팔 스윙이 흐트러지면서 러닝 효율이 떨어집니다.

또한, 어깨와 등 근육은 상체를 곧게 세워 중력에 저항하며 올바른 자세를 유지하게 해줍니다. 이로써 흉곽이 열리고 호흡이 깊어져서 산소 공급이 원활해집니다. 상지 근육의 안정성이 확보되어야 코어와 하지 근육의 힘이 흐트러짐 없이 전달되어 러닝 전체의 리듬이 일정하게 유지됩니다.

결국 상지 근력은 러닝 시 중력과 체중 부하를 견디며, 하체의 움직임을 보완하고 에너지를 효율적으로 전달하는 핵심 축입니다. 러너에게 상지 근력 훈련은 단순히 팔의 근육을 키우는 목적이 아니라, 러닝 자세와 추진력, 그리고 전신의 안정성을 완성하는 기초 훈련이라고 할 수 있습니다.

상체를 숙인 상태(데드리프트 자세)에서 덤벨이나 물병을 들고 팔꿈치를 몸통 쪽으로 들어 올려 접는 벤트 오버 로(Bent Over Row)와 팔굽혀펴기는 상지 근력을 강화하는 좋은 방법입니다. 벤트 오버 로를 할 때, 몸과 엉덩이는 일직선이 되어야 하고, 팔을 몸통에 가깝게 들어 올려야 등에 자극이 많이 갑니다. 한편, 근력이 약한 경우에는 무릎을 꿇고 팔굽혀펴기를 하면 상지 근력을 차츰 길러나가는 데 도움이 됩니다.

벤트 오버 로	
	팔굽혀펴기

하지 근력 강화 운동

러닝의 추진력과 안정성은 결국 하지 근육에서 비롯됩니다. 다리는 단순히 몸을 앞으로 나아가게 하는 부위가 아니라, 지면에서 비롯되는 충격을 흡수하고 다시 그 에너지를 추진력으로 전환하는 복합적인 시스템입니다. 이를 위해서는 발목, 무릎, 고관절을 중심으로 한 근육들의 협응과 근력이 매우 중요합니다.

먼저 발목은 러닝 시 가장 먼저 지면과 닿는 부위로 착지 충격을 흡수하는 완충기 역할을 합니다. 발목 주변의 종아리 근육(비복근, 가자미근)과 발바닥 근육이 충분히 발달되어야 지면 접촉 시 충격이 몸 전체로 전해지지 않고 부드럽게 흡수됩니다. 이러한 안정된 착지는 무릎과 고관절로의 충격 전달을 줄여 부상을 예방합니다.

무릎은 충격을 흡수하면서도 추진력을 전달하는 통로 역할을 합니다. 대퇴사두근과 햄스트링이 균형 있게 강화되어야 무릎 관절이 흔들림 없이 안정적으로 움직일 수 있습니다. 이 근육들이 약하면 착지 시 무릎이 안쪽으로 말리며 슬개대퇴통증 증후군, IT 밴드 증후군 등의 부상 위험이 커집니다. 반면, 강한 대퇴근은 착지 시 체중을 견디고, 다시 발을 밀어낼 때 효율적인 지면 반발력을 만들어냅니다.

마지막으로 고관절과 둔근(엉덩이 근육)은 러닝의 '엔진'입니다. 둔근은 지면을 강하게 밀어내며 추진력을 만들어내는 핵심이며, 몸통과 하지를 연결해 러닝 자세를 안정시킵니다. 둔근이 약하면 허리나 햄스트링이 그 역할을 대신하게 되어, 피로가 빨리 쌓이고 부상이 생기기 쉽습니다. 따라서 둔근을 강화하면 착지 충격을 효율적으로 분산시키고, 한 걸음마다 더 강한 추진력을 얻을 수 있습니다.

결국 하지 근력은 단순히 속도를 내기 위한 요소가 아니라, 러닝의 충격을 줄이고 에너지를 전진 운동으로 전환하는 핵심 구조입니다. 발목, 무릎, 고관절이 안정적으로 작동할 때 러닝 자세가 흔들리지 않고, 긴 거리를 달릴 때도 효율적인 움직임을 유지할 수 있습니다. 즉, 강한 하지 근력은 지속 가능한 러닝과 부상 없는 몸의 기본 조건입니다.

뒤꿈치를 들고 하는 런지는 하지 근력을 강화하는 좋은 방법입니다. 한쪽 발의 뒤꿈치를 든 상태에서 몸을 세운 뒤 발을 뒤쪽으로 옮기며 런지 자세를 해준 다음, 반대편 발로 밀어주면서 상체를 세워줍니다. 이때 몸을 곧게 펴서 중심을 잡고 뒷발을 이용해 밀어주는 것이 포인트입니다.

뒤꿈치 들고 런지 

구분	주요 근육	핵심 기능	근력 훈련 효과
코어	복직근, 복사근, 복횡근, 척추기립근	몸통 안정, 자세 유지	러닝 폼 유지, 허리 통증 예방
상지	어깨, 등, 팔 근육	팔 스윙, 리듬 조절	보폭 일정, 에너지 효율 향상
하지	둔근, 대퇴사두근, 햄스트링, 종아리	추진력, 착지 안정	속도 향상, 무릎·발목 부상 예방

코어, 상지, 하지 근육의 종류와 기능 및 근력 훈련 효과

지속 가능한 러닝을 위한 트레이닝 드릴과 거리 증량

러닝 기술이 좋지 않으면 착지 충격이 효율적으로 분산되지 않아 부상이 발생합니다. 발뒤꿈치로 강하게 착지하거나 보폭이 과도하게 넓으면 지면 반발력이 무릎, 고관절, 허리로 직접 전달되어 관절에 부담이 커집니다. 또한, 팔 스윙과 몸통의 균형이 맞지 않으면 몸의 중심이 흔들려 특정 근육이나 관절에 과사용(overuse)이 생깁니다.

코어가 약하거나 착지 타이밍이 불안정할 경우 다리 정렬이 무너져서 무릎 통증(러너스 니), 정강이 통증(정강이 스트레스 증후군), 발목 염좌, 햄스트링 긴장 같은 부상으로 이어질 수 있습니다. 결국 러닝 기술의 미세한 오류는 반복되는 작은 충격을 누적시키고, 이는 시간이 지남에 따라 만성 부상으로 발전합니다,

이번 장에서는 다치지 않고 오래 달릴 수 있는 몸을 만들기 위한 트레이닝 드릴을 소개합니다.

트레이닝 드릴이 꼭 필요한 이유

트레이닝 드릴은 단순히 러닝 전 몸을 푸는 과정이 아니라, 러닝의 효율을 높이고 부상을 예방하며 올바른 움직임 패턴을 몸에 학습시키는 핵심적인 훈련입니다. 러닝은 단순한 움직임처럼 보이지만 실제로는 근력, 신경 조절력, 리듬감, 근육의 탄성까지 복합적으로 작용하는 정교한 운동입니다. 따라서 드릴을 통해 이러한 요소를 세밀하게 조율하고 조화롭게 연결하는 것이 중요합니다.

예를 들어 '앵클 점프(Ankle Jump)', '앵클 조그(Ankle Jog)'와 같은 발목 중심의 드릴은 착지 시 발목의 탄성을 높이고 지면 반발력을 효율적으로 활용할 수 있도록 돕습니다. 이는 러닝 중 불필요한 에너지 손실을 줄이고, 가벼운 발 움직임으로 빠른 전환을 가능하게 합니다. 또한 'A-스킵', 'B-스킵', '하이 니' 동작은 무릎과 엉덩이의 협응을 개선해 보폭과 다리를 들어 올리는 타이밍을 조절하게 하며, 신체가 지면을 미는 추진력의 방향을 정확하게 인식하도록 만듭니다.

이런 동작을 반복하다 보면, 근육과 신경은 올바른 러닝 메커니즘, 즉 '지면 밀기 - 다리 들어 올리기 - 중심 이동'의 순서를 자동적으로 수행할 수 있습니다. 드릴은 신경근 협응 능력을 강화해 몸이 리듬에 반응하도록 만들며, 빠른 반응 속도와 리듬감이 향상되면 지면 접촉 시간이 짧아지고 러닝 효율이 높아집니다. 동시에 고유수용감각이 발달해 자신의 신체가 공간 속에서 어떻게 움직이는지를 인지할 수 있게 되고, 피로가 누적되어도 자세의 균형을 유지할 수 있습니다. 이러한 반복적인 리듬 훈련은 근육의 신장-단축 주기를 활성화시켜 근육과 힘줄이 스프링처럼 작용하도록 만들며, 러닝 시 추진력을 자연스럽게 향상시킵니다.

더불어 드릴은 하체 근육의 불균형을 개선하고 관절에 가해지는 충격을 분산시켜 부상을 예방하는 효과도 큽니다. 즉, '퀵 스텝(Quick Step)'이나 '버트 킥(Butt Kick)' 같은 훈련은 짧은 시간에 폭발적인 근수축을 유도하면서도 관절의 안정성을 높여 무릎, 발목, 고관절의 부담을 줄여줍니다.

트레이닝 드릴은 러너의 몸을 러닝에 최적화된 상태로 만드는 '기초 엔진 조율' 과정입니다. 이런 훈련을 통해 러너는 효율적인 착지, 리듬감 있는 움직임, 안정된 자세를 동시에 확보할 수 있으며, 장시간 달리더라도 에너지 소모를 최소화하고 부상 위험을 줄일 수 있습니다. 요컨대 트레이닝 드릴은 '더 멀리, 더 부드럽게, 더 오래' 달리기 위한, 러닝의 완성도를 높이는 핵심 과정입니다.

트레이닝 드릴의 실제

러닝에서 케이던스가 흔들리거나 발의 착지가 불안정한 상태로 거리나 속도만 늘리면, 몸은 효율을 잃고 관절과 근육에 불필요한 부담을 받게 됩니다. 따라서 케이던스를 서서히 끌어올리고, 발이 몸 아래에서 자연스럽게 착지하는 감각이 만들어지는 과정에 맞춰 드릴을 병행하는 것이 효과적입니다.

드릴은 러닝 중 바로 고치기 어려운 리듬, 자세, 지면 반응을 미리 몸에 입력해주는 역할을 합니다. 안정적인 케이던스가 형성되면 발의 회전 속도가 일정해지고, 착지 충격이 분산되며, 같은 힘으로도 더 멀리 달릴 수 있는 기반이 만들어집니다. 이 상태가 갖춰지면 거리가 늘어나고 이후 속도가 조금씩 올라가도 폼이 무너지지 않습니다.

즉, 러닝 드릴은 기록을 빠르게 만들기 위한 훈련이 아니라, 거리와 속도가 증가하는 과정에서도 케이던스와 착지를 안정적으로 지켜주는 안전장치입니다.

다음의 드릴들을 이 흐름에 맞춰 따라 하면, 러닝 효율을 높이면서도 부상 위험을 줄이는 데 도움이 됩니다.

앵클 점프

'앵클 점프(발목 점프)'는 발목의 빠른 반발을 반복해 러닝에 필요한 탄성을 만들어주는 드릴입니다. 이를 통해 착지 에너지를 효율적으로 다음 발 구르기로 연결해 가볍고 리듬 있는 러닝을 돕습니다. 반복 횟수를 20~50회까지 점진적으로 늘려나가세요. 세트 수 역시 1~3세트로 점진적으로 늘려나갑니다.

앵클 조그

'앵클 조그(발목 조깅)'는 러닝 템포와 리듬을 익히고, 발이 몸 아래에서 착지하는 감각을 연습하기에 가장 좋은 드릴입니다. 보폭을 줄인 상태에서 발목 회전만 사용해 케이던스를 안정시키고, 실제 러닝에서도 폼이 무너지지 않도록 돕습니다. 1세트당 30m를 목표로 하고, 3~5세트로 점진적으로 늘려나갑니다.

신 조그

'신 조그(Shin Jog, 정강이 조깅)'는 슬로 조깅보다 한 단계 빠른, 중간 정도의 속도를 연습하기에 적합한 러닝 드릴입니다. 정강이를 부드럽게 앞으로 내미는 리듬을 통해 케이던스를 유지한 채 속도를 올리는 감각을 익히게 해주며, 실제 러닝에서 페이스가 올라가도 착지와 리듬이 흐트러지지 않도록 돕습니다. 1세트당 30m를 목표로 하고, 3~5세트로 점진적으로 늘려나갑니다.

한 발로 서서 몸통 회전

한 발로 서서 몸의 중심을 안정적으로 유지한 상태에서, 팔은 몸통에 붙인 채 몸통(척추체)의 회전에 집중합니다. 이때 회전축이 좌우나 앞뒤로 흔들리지 않도록 고정하며, 골반은 안정적으로 유지하고 흉추를 중심으로 부드럽게 회전합니다. 동작은 메트로놈 속도에 맞춰 150~180bpm까지 리듬에 맞게 30초~2분까지 점진적으로 향상시키며 반복합니다. 이를 통해 상체와 하체의 연결과 몸통의 회전 효율을 높여서 러닝 시 불필요한 흔들림을 줄이고 안정적인 움직임을 만드는 것이 목적입니다.

한 발로 서서 팔 스윙 

한 발로 서서 팔을 몸에 붙인 상태에서 몸통 회전을 편안하게
할 수 있다면 그다음으로는 러닝을 할 때의 팔 자세를 취하고 몸
통을 회전하는 상체 동작을 교정합니다. 먼저 한 발로 서서 팔꿈
치는 90도 구부리고 손을 가볍게 쥐고 준비합니다. 팔을 앞뒤로
흔들 때 흉추(몸통)가 가볍게 축 회전을 해야 하지만 축이 움직이
는 동작은 주의해야 합니다. 팔 스윙을 할 때는 몸통의 앞쪽이 아
닌 뒤쪽으로 많이 움직이게 합니다. 이 동작을 메트로놈 속도에
맞춰 160~180bpm까지 리듬에 맞게 30초에서 2분까지 점진적으
로 향상시키며 반복합니다. 척추를 곧게 편 상태에서 운동하는 것
이 중요합니다.

버트 킥 

'버트 킥(엉덩이 킥)'은 발을 빠르게 회수하는 동작을 강조해 스

피드 향상에 도움을 주는 러닝 드릴입니다. 햄스트링과 둔근의 반응 속도를 높여 지면에서 발을 떼는 시간을 줄이고, 케이던스를 끌어올려 더 빠른 러닝 리듬을 만드는 데 효과적입니다. 1세트당 30m를 목표로 하고, 3~5세트로 점진적으로 늘려나갑니다.

퀵 스텝 양발 교차

'퀵 스텝 양발 교차'는 코어의 안정성과 발의 스텝 움직임을 동시에 맞추는 협응 훈련 드릴입니다. 몸통이 흔들리지 않는 상태에서 발을 빠르게 교차하며 움직이면서, 러닝 시 상·하체 연결과 리듬 조절 능력을 향상시켜줍니다. 1세트당 10~30초 정도의 빠르기로 수행하고, 세트 수는 1~3세트로 점진적으로 늘려나가세요. 자신의 최고 속도로 수행합니다.

퀵 스텝 한 발 스텝

'퀵 스텝 한 발 스텝'은 양발을 각각 독립적으로 조절하는 능력을 키우는 러닝 드릴입니다. 한쪽 발이 빠르게 앞뒤로 스텝을 밟는 동안 반대쪽 발은 균형을 유지해야 하므로, 좌우 발의 기능 분리와 스텝 조절 능력을 향상시키는 데 효과적입니다. 1세트당 10~30초 정도의 빠르기로 수행하고, 세트 수는 1~3세트로 점진적으로 늘려나가세요. 자신의 최고 속도로 수행합니다.

A-스킵 스피드 트레이닝	

　'A-스킵 스피드 트레이닝'은 무릎을 들어 올린 뒤 발을 빠르게 지면에 찍는 동작으로, 러닝 스피드를 높이기 위한 기본 스피드 트레이닝 드릴입니다. 고관절 드라이브와 빠른 발 회수를 동시에 연습할 수 있어, 속도가 올라가도 케이던스와 착지 리듬이 무너지지 않도록 돕습니다. 1세트당 30m를 목표로 하고, 3~5세트로 점진적으로 늘려나갑니다. 정확한 리듬과 동작으로 수행하는 것이 포인트입니다.

B-스킵 스피드 트레이닝	

　'B-스킵 스피드 트레이닝'은 무릎을 들어 올린 뒤 다리를 앞으

로 뻗어 발을 당기듯 내려오는 동작으로, 스피드 러닝에서 전방 추진과 착지 조절을 동시에 훈련하는 드릴입니다. 다리의 빠른 회수와 지면 끌어당김 동작을 익혀 속도가 높아져도 추진력과 착지 리듬이 유지되도록 돕습니다. 1세트당 30m를 목표로 하고, 3~5세트로 점진적으로 늘려나갑니다. 정확한 리듬과 동작으로 수행하는 것이 포인트입니다.

레터럴 스킵 스피드 트레이닝

'레터럴 스킵(Lateral Skip) 스피드 트레이닝'은 좌우로 이동하며 방향을 전환하는 동작을 통해 속도를 내야 하는 상황에서의 방향 조절 능력을 기르는 드릴입니다. 이 과정에서 내전근과 중둔근이 동시에 활성화되어 러닝 중 측면 안정성과 빠른 방향 전환에 필요한 하체 지지력을 강화해줍니다. 1세트당 30m를 목표로 하고, 3~5세트로 점진적으로 늘려나갑니다. 정확한 리듬과 동작으로 수행하는 것이 포인트입니다.

　'하이 니 스피드 트레이닝'은 무릎을 빠르게 들어 올리며 달리는 동작으로 스피드 러닝에 필요한 고관절 드라이브와 케이던스 향상을 위한 핵심 드릴입니다. 무릎 들어 올리기와 발의 빠른 회수를 동시에 연습해 속도가 올라가도 추진력과 러닝 리듬이 유지되도록 돕습니다. 1세트당 30m를 목표로 하고, 3~5세트로 점진적으로 늘려나갑니다. 정확한 리듬과 동작으로 수행하는 것이 포인트입니다.

바운싱

　'바운싱(Bouncing)은 지면 반발을 반복해 하체의 탄성을 높이는 스피드 트레이닝 드릴입니다. 탄성 에너지 활용이 좋아지면서 같은 리듬에서도 보폭이 자연스럽게 늘어나 스피드 향상에 도움을 줍니다. 1세트당 30m를 목표로 하고, 3~5세트로 점진적으로 늘려나갑니다. 정확한 리듬과 동작으로 수행하는 것이 포인트입니다.

'170~180spm에 맞춘 러닝(메트로놈)'은 일정한 발 리듬을 만들어 러닝의 핵심인 리듬과 동작을 완성하는 훈련 방법입니다. 외부 리듬에 맞춰 발을 내딛다 보면 케이던스가 안정되고, 착지 위치와 상·하체 움직임이 자연스럽게 정렬되어 효율적인 러닝 폼이 만들어집니다. 러닝 거리를 점진적으로 증가시킵니다.

순차적인 거리 증가 훈련법
: '5km → 10km → 16km → 하프'

앞서 설명한 트레이닝 드릴을 통해 러닝에 최적화된 상태로 몸을 만들었다면, 이제는 순차적으로 거리를 증가해나갈 차례입니다.

5km를 무리 없이 달릴 수 있게 되면, 그다음 단계는 주간 총 거리를 10%만 늘려 8주 안에 10km 완주 리듬으로 몸을 적응시키는 것이죠. 10km를 안정적으로 달릴 수 있게 되면, 다시 12주로 기간을 잡아 한 주에 1km씩 롱 런(Long Run) 거리를 늘려 16km를 편안히 달리는 기초를 만듭니다. 하프(21.1km) 전환은 16km를 달릴 수

목표 거리	훈련
5km	트레이닝 드릴
10km	8주간 적응 훈련
16km	12주간 적응 훈련(1주당 1km씩 롱 런 거리 증량)
하프(21.1km)	인터벌 1세션 + 템포 런 1세션 + 롱 런 1세션

점진적으로 러닝 총 거리를 늘려나가야 한다.

있는 기반 위에 인터벌 1세션, 템포 런 1세션, 롱 런 1세션으로 3대 훈련을 균형 있게 배치해 주간 거리의 30%를 롱 런에 배분하도록 설계합니다.

거리 증가 시 유의 사항

거리 증가 과정에서 충격 적응을 위해 보폭을 1cm 줄이고 케이던스를 5spm 높여 무릎에 가는 브레이크 힘을 분산합니다. '주간 총 거리 10% 룰'을 지키면 피로로 인한 골절 위험이 30% 이상 낮아진다는 연구가 있습니다. 또한, 체중이 80kg 이상이면 '주간 총 거리 5% 룰'을 적용해 더 보수적으로 증량해야 합니다.

롱 런 전날 종아리 폼롤링과 발목 가동성 스트레칭을 10분간 실시해보세요. 이는 첫 3km 러닝의 충격을 완화해 근육 손상을 최소화하는 데 효과적입니다. 충격 적응이 느릴 때는 평소 페이스보다 시속 1km 정도 늦추고 심박 변이도가 회복될 때까지 거리 증량을 중단합니다. 스마트 워치의 거리 알림을 1km마다 켜두면 보폭이나 속도가 과도하게 오버되지 않는지 확인해 바로 조정할 수 있습니다.

'5km → 10km → 16km → 하프'로 거리 증가가 완료되면, 총 칼로리 소모량이 50% 이상 증가해 체중과 복부 지방 관리에도 큰 도움이 됩니다. 이렇게 총 러닝 거리를 점진적으로 증량하고, 이때 충격 적응 원칙을 함께 적용하면 나이가 많은 러너라도 부상 없이 장거리 러닝 목표를 달성할 수 있습니다.

다양한 착지법 가이드와 러닝화 선택 노하우

러닝 시 착지 방법은 땅에 발의 어느 부분이 가장 먼저 닿느냐에 따라 미드 풋 스트라이크, 힐 스트라이크, 포어 풋 스트라이크로 나뉩니다.

러닝에서 착지 방법은 단순한 주법의 차이가 아니라, 부상 예방과 속도 향상을 동시에 좌우하는 중요한 요소입니다. 발이 지면에 닿는 위치에 따라 충격이 분산되는 방식과 추진력 전달이 달라지기 때문에 착지 유형을 이해하는 것은 안전하고 효율적인 러닝의 출발점이 됩니다.

러닝에서 포어 풋, 미드 풋, 힐 컨택은 발이 지면에 먼저 닿는 위치를 구분하는 말이 아니라, '체중이 실려 충격과 힘이 전달되는 지점'을 의미합니다.

같은 발 모양이라도 체중이 어디에 실리느냐에 따라 충격 분산과 추진 방식이 달라지기 때문에 이 구분을 이해하는 것은 부상 예방과 속도 향상을 위한 중요한 기준이 됩니다.

미드 풋 스트라이크

여러 착지법 중에서 가장 이상적인 방식으로 꼽히는 것은 미드 풋 스트라이크(Midfoot Strike)입니다. 말 그대로 발의 앞뒤 중간, 발볼이 지면과 거의 동시에 닿는 형태입니다. 이 자세는 단순히 '발바닥 중간으로 착지하라'는 기술적인 지시가 아니라, 몸의 구조와 리듬에 가장 자연스러운 움직임을 의미합니다.

미드 풋 스트라이크는 착지 순간의 충격이 발바닥 전체에 고르게 분산됩니다. 뒤꿈치로만 착지하면 무릎으로, 앞꿈치로만 착지하면 종아리로 충격이 몰리지만, 미드 풋 스트라이크를 하면 발목과 무릎, 엉덩이 관절이 함께 충격을 받아냅니다. 이로써 관절의 부담이 줄고, 부상 위험이 크게 낮아집니다.

또한, 미드 풋 스트라이크는 에너지 손실이 적습니다. 발이 지면을 밟는 즉시 반발력을 얻고, 몸의 중심이 자연스럽게 앞으로 넘어가며 추진력이 이어집니다. '뛰는' 느낌보다 '굴러가는' 느낌에 가깝죠. 이 리듬이 생기면 달리기가 훨씬 가볍고 효율적으로 느껴집니다.

무엇보다 중요한 점은 미드 풋 스트라이크가 러닝 중에 발이 몸의 중심 아래에 오도록 만들어준다는 사실입니다. 힐 스트라이크는 발이 몸보다 앞에 떨어지고, 포어 풋 스트라이크는 중심이 과도하게 앞쪽으로 쏠립니다. 반면, 미드 풋 스트라이크는 중심이 몸의 축과 일직선을 이루어 달리는 동안 균형과 리듬을 유지하기 쉽습니다.

미드 풋 스트라이크로 달린다는 것은 단순히 착지 부위를 바꾸는 것이 아니라, 몸 전체가 하나의 선으로 흐르며 달린다는 것을 의미합니다. 충격은 부드럽게 흡수되고, 에너지는 자연스럽게 앞으로 전달되는 방식이죠. 러닝을 하며 가장 오래 달리고, 가장 적게 다치는 사람들의 공통점은 빠른 스피드가 아니라 부드러운 흐름입니다. 그 흐름의 중심에는 언제나 미드 풋 스트라이크가 있습니다.

힐 스트라이크

러닝을 막 시작한 사람들에게 가장 흔하게 나타나는 착지 형태는 힐 스트라이크(Heel Strike), 즉 뒤꿈치 착지입니다. 걷는 습관이 그대로 이어진 결과죠. 발뒤꿈치가 지면에 먼저 닿으면 그 충격이 무릎과 골반으로 전해집니다. 걷기에서는 큰 문제가 되지 않지만,

     100년 쓰는 몸을 만드는 걷기와 달리기

러닝에서는 이 착지 방식이 여러 문제를 일으킵니다.

힐 스트라이크의 가장 큰 문제는 충격의 방향에 있습니다. 러닝 시 뒤꿈치가 먼저 닿으면, 지면에서 반작용으로 오는 힘이 수직이 아니라 뒤로 밀어내는 방향으로 작용합니다. 쉽게 말해, 앞으로 가고 싶은데 뒤로 밀리는 힘을 계속 받는 셈입니다. 이 충격은 무릎 관절과 허리에 고스란히 전달되며, 특히 무릎 앞쪽 통증, 허리의 피로감, 정강이 통증 같은 증상으로 이어지기 쉽습니다.

또한, 뒤꿈치 착지 시 무릎이 거의 펴진 상태로 지면으로부터 충격을 받기 때문에, 착지 순간 충격을 흡수해줄 완충 작용이 사라집니다. 이때 체중의 2~3배에 달하는 하중이 무릎과 골반으로 전달되며, 반복될수록 연골의 마모를 촉진합니다. 그래서 힐 스트라이크 러너는 장거리 러닝에서 무릎 통증이나 요추 피로를 호소하는 경우가 많습니다.

'힐 스트라이크 → 미드 풋 스트라이크' 교정 노하우

물론 힐 스트라이크가 항상 나쁜 것은 아닙니다. 속도가 느린 조깅이나 걷기 수준의 운동에서는 충분히 안정적인 착지 방식입니다. 문제는 속도가 빨라지고 착지 충격이 커질 때입니다. 뒤꿈치 중심의 착지는 추진력을 약화시키고, 러닝 효율을 떨어뜨립니다. 그래서 러닝 자세를 교정할 때는 충격을 흡수하면서도 효율적인 추진을 만들어내는 미드 풋 스트라이크로 전환하는 것이 핵심입니다.

첫째, 보폭을 줄이고 케이던스(분당 걸음 수)를 늘리는 것이 도움이 됩니다. 힐 스트라이크는 대체로 보폭이 과하게 길어져 착지 위치가 몸보다 앞쪽으로 가는 경우가 많습니다. 보폭을 줄이면 발이 몸의 중심선 아래로 들어오고, 자연스럽게 미드 풋 스트라이크로 전환됩니다. 일반적으로 분당 170~180보의 리듬을 유지하는 것이 안정적입니다.

둘째, 착지 교정을 위해 먼저 해야 할 일은 몸의 중심을 앞쪽으로 이동시키는 것입니다. 힐 스트라이크 러너들은 대부분 상체가 뒤로 젖혀져 있고, 착지 시 발이 몸의 중심보다 앞에 위치합니다. 중심이 뒤로 가면 착지 순간마다 브레이크를 밟는 것처럼 추진이 끊기게 되죠. 따라서 가슴을 살짝 앞으로 기울이고, 발이 몸의 중심 바로 아래로 떨어지도록 연습해야 합니다. '발을 뻗지 않고, 몸이 넘어지듯 달린다'는 이미지를 떠올리면 좋습니다.

셋째, 무릎의 유연한 굴곡을 만들어야 합니다. 착지 순간 무릎이 고정되어 있으면 충격이 그대로 관절에 전해집니다. 착지 시 무릎을 약간 굽혀주면 종아리, 허벅지, 둔근으로 힘이 분산되어 관절 부담이 크게 줄어듭니다. 이를 위해 스쿼트나 런지 같은 기본적인 하체 근력 운동을 꾸준히 수행하면, 러닝 시에도 자연스럽게 충격을 흡수하는 움직임이 형성됩니다.

넷째, 신발의 드롭(Drop, 뒤꿈치와 앞꿈치의 높이 차이)도 고려해야 합니다. 높은 드롭을 가진 쿠션형 러닝화는 힐 스트라이크를 강화할 수 있습니다. 반대로 드롭이 낮은 중립형 신발을 착용하면 미드 풋 스트라이크로 전환이 쉬워집니다. 다만, 갑자기 신발을 바꾸면 종아리 근육과 아킬레스건이 놀랄 수 있으므로 점진적으로 적응해야 합니다.

포어 풋 스트라이크

러닝을 시작한 사람이라면 한 번쯤 '앞꿈치로 달리면 더 빠르고 부상을 줄일 수 있다'라는 말을 들어봤을 텐데요. 이른바 포어 풋 스트라이크(Forefoot Strike)입니다. 발의 앞부분으로 지면을 딛고 추진력을 얻는 방식인데, 엘리트 러너나 스프린터들이 흔히 사용하는 착지법이죠. 그러나 모든 사람에게 이 방식이 유리한 것은 아닙니다. 잘못된 이해와 적용은 오히려 부상을 불러오고, 러닝의 효율을 떨어뜨립니다.

포어 풋 스트라이크의 가장 큰 문제는 충격의 분산 구조가 무너진다는 점입니다. 우리가 걷거나 달릴 때는 발뒤꿈치, 무릎, 엉덩이, 몸통으로 충격이 순차적으로 흡수됩니다. 하지만 발뒤꿈치를 거의 사용하지 않고 앞꿈치만으로 착지하면 충격을 흡수해야 할 '완충 장치'가 사라집니다. 그 결과, 착지 순간의 하중이 종아리 근육과 아킬레스건에 집중됩니다. 처음에는 큰 문제가 없어 보이지만, 반복적으로 피로가 쌓이면 종아리 통증, 아킬레스건염, 심한 경우에는 미세 파열로 이어질 수 있습니다.

또한, 포어 풋 스트라이크는 무릎의 굴곡이 부족한 상태에서 착지하기 쉬워 체중이 발끝 쪽으로 쏠리는 전방 경사 자세를 만듭니다. 이때 둔근과 햄스트링의 개입이 줄어들고, 종아리와 발바닥 근육이 과도하게 일하게 됩니다. 즉, 몸의 큰 근육이 휴식하고 작은 근육들이 과로하는 구조가 됩니다. 그 결과, 달리기가 점점 더 피로해지고, 거리나 시간이 길어질수록 효율이 떨어집니다.

문제는 많은 사람이 '뒤꿈치 착지는 나쁘다'라는 단편적인 정보만 듣고, 무리하게 포어 풋 스트라이크로 전환한다는 것입니다. 하지만 러닝 착지 자세의 정답은 한 가지가 아닙니다. 보행과 러닝 자세는 신체 구조, 근력, 유연성, 훈련 수준에 따라 다양하게 달라집니다. 중요한 것은 특정한 형태를 따라 하는 것이 아니라, 자신의 몸이 자연스럽게 충격을 흡수하고 에너지를 전달할 수 있는 흐름을 찾는 것입니다.

포어 풋 스트라이크 교정 노하우

그렇다면 포어 풋 스트라이크는 어떻게 교정해야 할까요? 첫째, 발 앞부분만 닿는 완전한 포어 풋 스트라이크보다는 미드 풋 스트라이크를 목표로 합니다. 발볼 전체가 지면에 닿으며 뒤꿈치가 자연스럽게 이어 닿는 느낌입니다. 이때 무릎은 약간 굽혀서 충격을 분산시키고, 몸의 중심은 발 위에 위치해야 합니다. 지면을 밀어내는 느낌보다는 '지면 위에서 가볍게 뛰는' 리듬감을 유지하는 것이 중요합니다.

둘째, 근육의 밸런스를 되찾는 것입니다. 포어 풋 스트라이크를 하면 종아리 근육이 과도하게 발달하고, 둔근과 햄스트링이 상대적으로 약화됩니다. 따라서 엉덩이 근육과 햄스트링을 다시 활성화시키는 운동이 필요합니다. 바닥에 누워서 엉덩이를 들어 올리는 '힙 브리지(Hip Bridge)', 한쪽 다리로 균형을 잡고 서서 엉덩이를 접었다 펴는 '싱글 레그 데드리프트(Single Leg Deadlift)' 같은 동작은 하체의 큰 근육을 다시 러닝에 개입시키는 데 도움을 줍니다. 동시에 종아리 근육의 스트레칭과 아킬레스건의 유연성 회복은 필수적입니다.

셋째, 적응 과정이 필요합니다. 러닝 자세는 하루아침에 바뀌지 않습니다. 기존의 러닝 습관이 몸에 남아 있는 상태에서 갑자기 해로운 방식의 포어 풋 스트라이크를 시도하면 부상 위험이 오히려 커집니다. 따라서 전체 거리의 10~15% 정도만 새로운 착지로 달리고, 나머지는 평소의 방식을 유지합니다. 통증이 나타나면

구분	미드 풋 스트라이크	힐 스트라이크	포어 풋 스트라이크
착지 부위	발의 중앙, 발볼 전체가 지면과 거의 동시에 닿음	뒤꿈치가 먼저 닿고 발바닥 전체로 이어짐	발의 앞부분, 발가락~중족부 중심으로 착지
주요 부상 원인	착지 충격이 고르게 분산되지만, 코어와 둔근이 약하면 중심이 흔들림	착지 충격이 무릎과 허리로 직접 전달되며, 무릎이 펴진 상태에서 충격 흡수가 되지 않음	종아리와 아킬레스건의 과사용, 탄성 회복력 부족 시 피로가 누적됨
대표 통증 부위	발목, 무릎 외측의 불안정감	무릎 앞쪽(슬개부), 허리, 정강이 통증	종아리, 아킬레스건, 발바닥
특징	가장 자연스럽고 효율적인 착지 형태로 부상 위험이 가장 낮음	보폭이 길고 착지 시 '브레이크'가 걸리며 러닝 효율이 떨어짐, 보행에 사용됨	단거리·스프린터에게 유리하지만 장거리 러닝에서는 피로와 통증이 쉽게 누적됨

미드 풋 스트라이크, 힐 스트라이크, 포어 풋 스트라이크의 비교

즉시 중단하고, 걷기와 스트레칭으로 회복하는 것이 좋습니다.

힐 스트라이크가 나쁘다고 해서 무조건 버릴 필요는 없습니다. 중요한 것은 착지의 충격을 몸이 어떻게 받아들이고, 그 에너지를 어떻게 앞으로 보내는가입니다. 뒤꿈치로 착지하더라도 무릎의 각도, 몸의 중심, 근육의 협응이 올바르다면 부상을 줄일 수 있습니다. 반대로 미드 풋이나 포어 풋으로 착지한다고 해도 자세가 무너지면 같은 문제를 겪게 됩니다.

러닝은 단순히 발로 하는 운동이 아닙니다. 몸 전체의 협응으로 완성되는 움직임입니다. 포어 풋 스트라이크든 힐 스트라이크

든 중요한 것은 한 부위가 아닌 전신이 연결되어 충격을 흡수하고 추진력을 만들어내는 흐름을 회복하는 것입니다. 자신의 몸이 만들어내는 가장 자연스러운 리듬과 착지점을 찾을 때, 비로소 부상 없는 지속 가능한 러닝이 가능해집니다.

러닝의 핵심은 '착지의 위치'가 아니라 '착지의 흐름'임을 꼭 기억하세요. 몸이 앞으로 기울고, 중심이 자연스럽게 이동하며, 충격이 전신을 통해 부드럽게 분산되는 그 리듬이 중요합니다. 착지점을 바꾸려 애쓰기보다 몸 전체가 하나의 선으로 이어지는 러닝, 그것이 진짜 교정의 출발점입니다.

신발은 제2의 발, 무엇을 어떻게 신어야 하나?

아스팔트처럼 단단한 도로를 달릴 때는 쿠셔닝 등급이 '하이'인 러닝화를 선택해 뒤꿈치와 무릎으로 전해지는 충격을 최소화해야 합니다. 트랙이나 고무 포장 산책로는 표면이 부드러워 '미드' 쿠셔닝 신발로도 관절 보호와 추진력을 균형 있게 얻을 수 있습니다. 공원 흙길이나 잔디가 깔린 길은 자체 충격 흡수력이 좋아 '로우' 쿠셔닝 경량화를 신고 리듬 훈련을 하면 종아리 근력을 자연스럽게 길러줍니다.

무릎 통증 경험이 있다면, 어떤 표면이든 인솔 두께가 4mm 이상, 힐-토 오프셋(Heel-Toe offset)이 8mm 이상인 모델을 고르는 것이 안전합니다. 힐-토 오프셋은 신발에서 뒤꿈치(힐)와 앞발(토) 사이의 높이 차이를 의미합니다. 즉, 신발을 옆에서 보았을 때 뒤꿈치가 앞부분보다 얼마나 높게 만들어졌는지를 나타내는 수치(단위는 mm)입니다. 체중이 80kg을 넘거나 보폭이 긴 러너는 쿠셔닝을 한 단계 올려야 충격 피크를 10% 이상 줄일 수 있습니다. 반대로 포어 풋 스트라이크 습관이 있고 종아리가 잘 뭉친다면 쿠셔닝이 너무 두꺼울 경우 탄성이 죽어 피로가 빨리 쌓입니다. 덥고 비가 많이 내리는 계절에는 트랙의 고무가 물기와 열을 품어 쿠셔닝 효과가 강해지니 평소보다 한 단계 얇은 미드솔을 써도 괜찮습니다.

주간 훈련 일정에 '아스팔트 50%, 트랙 30%, 흙길 20%'처럼 표면의 성질이 다양한 길을 섞으면 반복 충격이 분산돼 부상 예방에 도움이 됩니다. 새 신발은 800km 정도 달리고 나면 미드솔이 40%쯤 꺼지므로 트랙이나 러닝머신 복합 훈련용으로 전환하고, 특히 아스팔트 전용 러닝화는 쿠션이 살아 있는 새 모델로 교체합니다.

마지막으로 지면과 신발이 맞지 않아 발목이 뒤틀리는 느낌이 든다면 주저하지 말고 달리는 길을 바꾸거나 인솔을 조정해 충격-쿠션 균형을 다시 맞춰야 합니다.

   100년 쓰는 몸을 만드는 걷기와 달리기

편안한 러닝을 위한 호흡의 기술

"선생님, 호흡이 가쁜데 러닝해도 되나요?" 러닝 초보자를 대상으로 한 강의에서 가장 많이 듣는 질문 중 하나는 호흡에 대한 질문입니다. 특히 중년 이상의 러너들에게 '호흡 곤란'은 러닝을 포기하게 만드는 첫 번째 장애물입니다. 그러나 이 현상은 체력이 부족해서가 아니라 호흡·리듬·강도가 몸의 현재 능력과 맞지 않아서 생기는 정상적인 생리 반응입니다.

러닝을 할 때 호흡이 가빠지는 이유

많은 러닝 초보자가 숨이 가쁘면 '폐가 약해서' 혹은 '심장이 약해서'라고 생각합니다. 그러나 실제로는 그렇지 않습니다. 호흡이 가빠지는 원인은 크게 세 가지입니다.

첫째, 속도의 문제입니다. 초보자들은 걷기에서 러닝으로 넘어갈 때 자신도 모르게 과속합니다. 쓰는 에너지가 갑자기 증가하면 뇌는 즉시 호흡을 빠르게 하라고 명령합니다.

둘째, 호흡 리듬이 몸의 반동 리듬과 맞지 않기 때문입니다. 운동생리학적으로 호흡 리듬은 발 착지 리듬(흡기와 호기의 비율은 2:2 또는 2:1), 상체의 회전, 보폭과 연결되어 있습니다. 리듬이 맞지 않으면 뇌가 더 많은 호흡을 요구하면서 불필요하게 숨이 차게 됩니다.

셋째, 과호흡(너무 많은 공기를 들이마시려는 행동) 문제입니다. 초보자들은 숨이 찬다는 느낌에 과도하게 큰 호흡을 시도하는데, 이 때문에 호흡이 더 힘들어지고 박자가 깨져 산소 전달률이 오히려 떨어집니다.

안정적인 호흡을 위한 4가지 훈련법

러닝 시 호흡 곤란으로 힘들다면 항상 다음 네 가지를 꾸준히 실천하세요.

러닝 속도를 '말하기 가능한 속도'로 낮추기

러닝 초보자는 걷기 속도보다 조금 빠른 슬로 조깅 속도가 정답입니다. 뛰면서 한 문장을 말할 수 있을 정도면 적정 속도입니다. 이것이 바로 앞에서도 언급했던 '토크 테스트'로 유산소 운동의 가장 안전하고 효과적인 기준입니다. 속도를 낮추면 숨이 차는 현상은 3~7일 안에 크게 줄어듭니다.

호흡을 크게 들이마시지 말고 '얕고 규칙적으로'

초보자가 범하는 가장 흔한 실수는 '많이 들이마셔야 숨이 덜 차겠지?'라고 생각하는 것입니다. 그러나 실제로는 그 반대입니다. 따라서 숨을 채우려고 하지 말고 흐르게 하세요. 가장 쉬운 방법은 다음과 같습니다.

- 2걸음 들이마시고, 2걸음 내쉰다(2:2).
- 3걸음 들이마시고, 3걸음 내쉰다(3:3).

이렇게 호흡을 보폭과 연결하면 리듬이 생기고 과호흡이 줄어 숨이 훨씬 편안해집니다.

상체를 세우고 어깨 긴장을 풀어 가슴 열기

숨이 차다고 말하는 사람을 보면 대부분 어깨가 올라가고, 상체가 앞으로 숙여지고 가슴이 닫혀 있습니다. 이 상태에서는 폐가 확장될 공간이 충분히 확보되지 않아 호흡이 가빠집니다. 따라서 상태를 꼿꼿이 세우고 어깨 긴장을 풀며 가슴을 열어젖히세요. 흉곽이 열리면 호흡이 자연스러워집니다.

'걷기 10분+슬로 조깅 1분' 루틴을 먼저 수행하기

러닝 초보자에게 가장 좋은 호흡 적응 루틴은 걷기를 하며 스텝과 호흡 패턴을 먼저 안정시키는 것입니다. '걷기 10분 → 슬로 조깅 1분 → 숨이 차면 다시, 걷기 2~3분 → 1분 조깅'의 패턴으로 시작하면 좋습니다. 이 책의 STEP 1과 STEP 2로 되돌아가 걷기나 슬로 조깅 방법을 되새기며 호흡 패턴을 안정화합니다. 이 루틴을 2주만 해도 호흡, 보폭, 착지 리듬이 맞기 시작해 숨이 차는 빈도와 강도가 눈에 띄게 줄어듭니다.

통증은 러닝의 오류를 경고하는 강력한 신호

러닝을 하다 보면 큰 부상까지는 아니지만 몸의 불편감이나 통증을 느끼는 순간들이 찾아옵니다. 이때 통증을 무시하고 자세나 보폭, 컨디션 등을 고려하지 않은 채 무리하게 러닝을 고수하면 곧 심각한 부상으로 이어질 수 있습니다. 통증은 러닝의 오류를 경고하는 강력한 신호입니다.

러너들이 가장 많이 호소하는 통증은 발바닥과 아킬레스건, 무릎의 통증입니다. 러닝 시 신체 움직임에 가장 많이 관여하는 부위들이죠. 다음은 각 부위별 통증의 원인과 회복을 위한 가이드입니다. 러닝을 하다가 통증이 느껴질 때는 자세, 보폭, 속도 등을 전반적으로 점검하는 기회로 삼으세요. 올바른 방식으로 우리 몸을 천천히 적응시키면 누구나 통증 없이 즐겁게 달릴 수 있습니다.

발바닥과 아킬레스건 통증

원인

이 경우 원인은 크게 두 가지입니다. 하나는 착지 방식(포어 풋 착지)의 문제이고, 다른 하나는 근력이 약화됐기 때문입니다. 이 둘이 겹친다면 발바닥과 아킬레스건 통증이 더 빨리 생깁니다.

많은 초보자가 자기도 모르는 사이에 발을 너무 가깝고 좁게 떨어뜨리는 포어 풋 착지를 하곤 합니다. 이때 발 앞쪽에 강한 충격이 가해지고 아킬레스건이 갑작스럽게 당겨지며, 종아리가 한 번에 강한 부하를 받습니다. 발바닥과 아킬레스건은 작은 충격을 자주 받는 데는 강하지만, 큰 충격을 한 번에 받는 데는 약합니다. 그래서 포어 풋 착지를 하면 통증이 빨리 오게 됩니다.

근력 자체가 약해도 발바닥과 아킬레스건 통증이 발생합니다. 즉, 아직 발바닥 아치(족저근막)나 종아리와 아킬레스 주변 근육이 러닝 충격을 버틸 만큼 강하지 않은 상태라는 뜻이죠. 특히 초보자나 중장년층 러너는 이러한 현상이 쉽게 나타납니다. 근력이 뒷받침되지 않으면 종아리에 금방 피로가 쌓이고, 발바닥 아치가 무너지며, 아킬레스건이 과도하게 당겨지게 됩니다. 결국 오래 걷거나 뛰면 발바닥이 금방 뻐근해집니다.

  100년 쓰는 몸을 만드는 걷기와 달리기

발바닥과 아킬레스건 통증은 그 원인에 따라 회복을 위한 방법도 다릅니다. 우선 포어 풋 착지가 문제인 경우, 미드 풋 착지 연습을 꾸준히 합니다. 또한, 보폭을 넓히고 러닝 속도를 낮추고(슬로 조깅) 발 전체가 자연스럽게 지면에 닿게 합니다.

만일 근력 자체가 약해 발바닥과 아킬레스건 통증이 발생했다면, 종아리 스트레칭, 발가락 아치 운동(타월 컬), 둔근을 활성화하는 브리지 등을 통해 근력을 키우는 것이 정답입니다. 근력이 약한 상태라면 강한 페이스로 무리하게 달리기보다는 '걷기 → 슬로 조깅' 루틴으로 천천히 페이스를 올리는 데 집중하세요.

무릎 통증

원인

무릎 통증도 초보 러너가 가장 많이 겪는 고민입니다. 이는 무릎이 약해서가 아니라, 무릎이 충격을 감당할 준비가 되지 않은 상태에서 갑자기 빨리 뛰어서 생깁니다. 쉽게 말해, 몸은 천천히 뛰고 싶은데 속도는 이미 너무 빠른 상태인 것이죠. 따라서 해결 방법도 간단합니다. 속도를 낮추고, 보폭을 줄이고, 둔근을 깨우면 대부분의 무릎 통증은 빠르게 줄어듭니다.

회복 가이드

러닝 경험이 적은 분들은 걷기에서 러닝으로 넘어갈 때 자기도 모르게 속도를 훅 올립니다. 이때 무릎에 충격이 집중되면서 통증이 생깁니다. 따라서 속도를 '말할 수 있는 속도'로 낮추세요. 숨이 차서 말할 수 없다면, 이는 곧 무릎에도 과부하가 걸리는 속도입니다. 즉, '대화 가능한 페이스'가 가장 안전합니다.

무릎 통증의 두 번째 원인은 긴 보폭입니다. 발을 멀리 뻗어서 착지하면 발 앞부분이 아니라 무릎이 먼저 충격을 받게 됩니다. 그래서 제가 늘 강조하는 팁은 이것입니다. 발을 몸 바로 아래에 떨어뜨리세요. 보폭을 줄이고, 발을 '툭' 아래로 떨어뜨린다는 느낌으로 뛰면 무릎 충격이 절반 수준으로 줄어듭니다.

둔근(엉덩이근육)을 키우는 것도 무릎 통증을 줄이는 방법입니다. 엉덩이는 몸에서 가장 큰 충격 흡수 부위입니다. 그런데 이 근육이 약하면 뛰는 동안 무릎이 홀로 충격을 다 받아버립니다. 따라서 무릎 통증이 있는 분들은 하루에 5~10분만 둔근 강화 운동을 하세요. 그러면 무릎에 가해지는 충격 부담이 훨씬 줄어듭니다.

마지막으로 오래 뛰려고 하지 마세요. '3분 걷기+2분 슬로 조깅'을 총 5~6세트(총 25~30분) 정도 하는 식으로 가볍게 러닝을 시작하면 무릎도 놀라지 않고 편안하게 적응합니다.

얼마나 뛰느냐보다 중요한 양질의 휴식

과훈련 증후군은 단순히 피로가 누적된 상태를 넘어 몸의 회복 체계가 무너진 상태를 의미합니다. 러너들에게는 이 증후군이 눈에 보이지 않는 형태로 서서히 찾아옵니다. 훈련을 많이 할수록 강해질 것이라는 믿음 속에서 몸은 점점 지쳐가고 회복의 시간은 사라집니다.

오버 트레이닝을 막아야 건강하게 러닝을 할 수 있다

과훈련 증후군은 처음에 단순한 피로감으로 시작됩니다. 아침에 일어나면 몸이 무겁고, 평소보다 다리에 탄력이 떨어진 느낌이

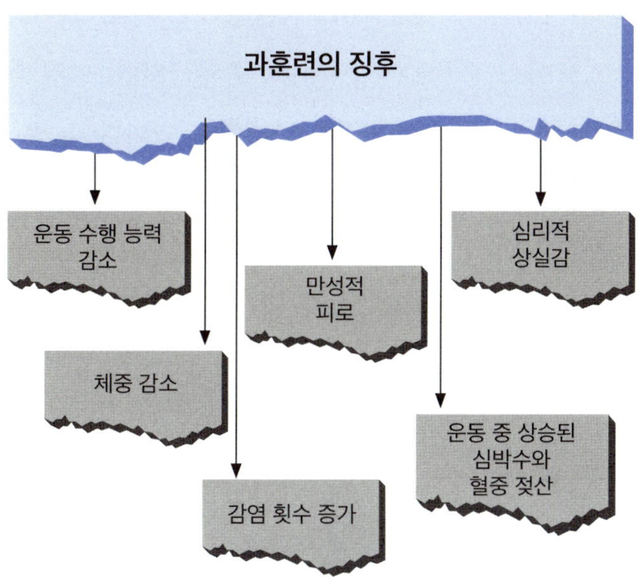

위와 같은 증상들이 보인다면 과훈련이 이루어지고 있다는 의미다.

듭니다. 하지만 대부분의 러너들은 '조금 더 뛰면 괜찮아질 거야'라며 훈련을 이어갑니다. 이때 근육과 신경은 이미 정상적인 회복 주기를 벗어나 있는 상태입니다. 결과적으로 운동 수행 능력은 떨어지고, 체중이 줄며, 감염 횟수가 증가합니다. 쉬어도 피로가 풀리지 않고, 잠을 자도 개운하지 않으며, 러닝에 대한 의욕이 점점 줄어듭니다. 이것은 과훈련 증후군의 전형적인 신호입니다.

여기에 근골격계의 부상이 동반되면 문제는 더욱 심각해집니다. 과도한 훈련으로 근육의 미세 손상과 염증이 회복되지 않은 채 누적되면서 부상이 만성화되고 말죠. 가장 흔하게 나타나는 것은 경골 스트레스 증후군(정강이 통증), 족저근막염, 아킬레스건염, 햄스트링 과긴장, 슬개골대퇴통증 증후군 등입니다. 특히 러닝 중 반복되는 충격이 뼈, 힘줄, 인대에 지속적으로 가해지면 스트레스 골절로 발전할 수도 있습니다.

이러한 부상은 단순히 특정 부위의 문제가 아니라 신체 회복력의 저하에서 비롯됩니다. 근육의 재생 속도가 느려지고, 결합 조직(건, 인대)의 탄성이 떨어지며, 신경계의 피로로 인해 근육 협응이 불안정해진 것이죠. 쉽게 말해, '몸은 움직이고 있지만 조율이 맞지 않는 상태'가 되는 것입니다. 그 결과, 자세가 무너지고 착지 시 충격 흡수가 잘되지 않아 부상이 더 잦아집니다.

과훈련 증후군은 심리적인 요인도 크게 작용합니다. 기록이 떨어지고 몸이 무거워질수록 불안감이 커지다 보니 '쉬면 뒤처질 것 같다'라는 강박이 생깁니다. 그러나 이러한 시점이야말로 가장 중요한 회복의 시기입니다. 과훈련에서 벗어나기 위해서는 훈련의 양을 줄이고, 휴식과 회복을 훈련의 일부로 생각하는 인식의 전환이 필요합니다.

과훈련 증후군으로부터 회복하기 위한 핵심은 '멈춤'이 아니라 '조율'입니다. 일주일 중 최소 하루는 완전한 휴식일로 두고, 고강도 러닝 사이에는 반드시 저강도의 회복 주행이나 스트레칭, 폼롤러 근막 이완, 요가 같은 회복 루틴을 넣어야 합니다. 영양 섭취도 중요합니다. 단백질과 항산화 영양소(비타민 C, 비타민 E, 오메가-3 등)는 손상된 조직의 회복을 돕습니다.

과훈련은 몸이 강해지기 위해 반드시 지나야 하는 통과의례가 아닙니다. 오히려 과훈련을 피하는 것이 상급 러너의 조건입니다. 몸의 피로 신호를 인식하고, 통증의 원인을 무시하지 않으며, 스스로 속도를 조절할 줄 아는 러너만이 오랫동안 건강하게 달릴 수 있습니다. 러닝의 본질은 빠르게 달리는 것이 아니라, 꾸준히 달릴 수 있는 몸을 지키는 것입니다.

우리 몸의 재생 메커니즘을 이해하면
회복을 통해 더 나은 체력을 얻을 수 있다

다음의 그래프는 러닝 훈련에서 회복의 질에 따라 체력이 향상되거나 오히려 저하되는 과정을 보여줍니다. 왼쪽 그래프는 올바른 회복과 훈련의 균형이 이루어진 경우이고, 오른쪽 그래프는 과도한 훈련과 부족한 회복으로 인해 체력이 점점 떨어지는 경우를 나타냅니다.

왼쪽 그래프에서는 훈련 직후 체력이 일시적으로 감소합니다.

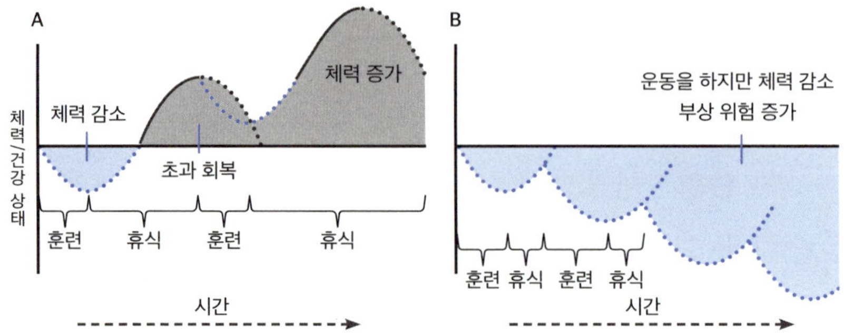

과도한 훈련과 부족한 회복은 체력을 저하시킨다.

러닝 직후에는 에너지와 근육이 소모되며, 피로가 쌓이기 때문입니다. 그러나 충분한 휴식과 영양 섭취, 수면이 이루어지면 손상된 조직이 회복되면서 '초과 회복(Super Compensation)'이 일어납니다. 이 시점에서 다시 훈련을 시작하면 이전보다 높은 수준의 체력으로 올라서게 되죠. 즉, '운동-휴식-적응'의 리듬이 조화를 이루면서 시간이 지날수록 체력이 점진적으로 증가합니다.

반면에 오른쪽 그래프에서는 훈련 직후의 피로 회복이 이루어지지 않습니다. 몸이 충분히 회복되기 전에 다시 강한 러닝을 반복하면, 회복 곡선이 바닥을 치며 체력은 점점 저하됩니다. 이런 상태에서는 아무리 훈련량을 늘려도 컨디션은 좋아지지 않으며, 오히려 부상 위험과 피로 누적, 면역력 저하가 커집니다. 러닝은 계속 하지만 실제로는 체력이 감소하는 과훈련의 전형적인 패턴

     100년 쓰는 몸을 만드는 걷기와 달리기

입니다.

그렇다면 우리 몸은 어떠한 과정을 거쳐서 회복되고 재생되는 것일까요? 다음은 근섬유 재생과 혈류 회복의 메커니즘을 쉽게 설명한 내용입니다.

근섬유 재생 시스템

운동을 하면 근섬유에 아주 작은 상처가 생깁니다. 몸은 이 상처를 고치며 근육을 더 튼튼하게 만듭니다. 재생은 운동 직후 시작해 하루에서 이틀 사이에 가장 활발합니다. 이때 단백질을 20~30g 챙겨 섭취하면 새로운 근육을 만들 재료가 충분히 공급됩니다. 비타민 C와 비타민 D는 상처를 봉합하고 근육의 강도를 높이는 데 도움을 줍니다.

밤 10시쯤 잠들어 깊은 수면을 취하면 성장 호르몬이 잘 분비됩니다. 수분을 충분히 섭취하면 영양소가 근육으로 쉽게 이동합니다. 같은 부위는 최소 이틀은 쉬어야 재생이 끝나고 새로운 힘이 쌓입니다. 가벼운 스트레칭과 폼롤러를 활용한 근막 이완은 혈류를 원활하게 돌게 해 회복 속도를 높입니다. 이 과정을 꾸준히 지키면 중년에도 근육이 단단해지고 부상 위험이 줄어듭니다.

혈류 회복 시스템

운동 직후 몸은 열을 식히려고 혈관을 넓혀 피를 빠르게 돌게 합니다. 이때 심장은 평소보다 분당 20~30% 더 강하게 뛰어 노폐물을 몰아냅니다. 가벼운 걷기와 스트레칭을 하면 근육이 펌프처럼 작동해 혈류 회복을 도와줍니다. 러닝 직후 물 한 컵을 바로 마시면 혈액 점도가 낮아져 순환이 부드러워집니다. 냉·온수 교대 샤워는 말초혈관을 수축·이완시켜 회복 속도를 높입니다.

폼롤링이나 부드러운 마사지는 근육을 눌러 정체된 피를 다시 흘려보냅니다. 깊은 복식 호흡은 횡격막 움직임으로 정맥혈을 심장 쪽으로 끌어당깁니다. 비트 주스나 달걀 노른자 같은 질산염·콜린이 많은 식품은 혈관 확장을 도와줍니다. 고혈압이 있는 경우에는 5분간 누워 다리를 심장보다 높이면 부담 없이 순환이 안정됩니다. 이렇게 혈류를 빨리 정상으로 돌리면 근육통이 줄고 다음 날 컨디션이 좋아집니다.

러닝의 성장은 훈련의 양이 아니라 회복의 질에서 결정됩니다. 적절한 시점에 이루어지는 휴식은 운동을 멈추는 것이 아니라, 다음 성장을 위한 준비 단계입니다. 러너에게 필요한 것은 더 많은 훈련이 아니라, 더 탁월한 회복입니다. 이 리듬을 이해할 때, 비로소 부상 없이 오래 달릴 수 있는 진짜 체력을 얻게 됩니다.

퍼포먼스를 끌어올리는 회복 루틴:
스트레칭, 근막 이완, 아이싱

바로 앞 장에서 적절한 훈련과 조화를 이루는 휴식의 중요성을 이야기했는데요. 이번에는 러닝 전후 10~20분 정도의 투자로 러닝 퍼포먼스를 끌어올려주는 회복 루틴인 스트레칭과 근막 이완, 아이싱에 대해 말해볼까 합니다.

스트레칭은 몸통과 팔다리를 쭉 펴거나 굽혀서 근육을 늘이는 동작입니다. 근막 이완은 근육을 감싸는 막인 근막을 외부에서 압력을 가해 늘여주는 운동입니다. 근막이 굳으면 근육의 움직임과 관절의 움직임이 제한됩니다. 근막의 신축성이 회복되어야 근육이 가동 범위에 맞게 적절하고 올바르게 움직일 수 있습니다. 아이싱은 쉽게 말해 얼음찜질로 러닝 후 부기와 염증을 줄여주는 데 아주 탁월합니다.

러닝 전후 스트레칭과 근막 이완은 필수

러닝 전후에는 스트레칭과 근막 이완 루틴이 꼭 필요합니다. 달리기 전에 스트레칭을 하면 굳은 관절이 열려 보폭이 자연스럽게 길어집니다. 관절이 활짝 열리면 착지 충격이 몸에 덜 전달되어 무릎과 허리가 편안합니다. 스트레칭으로 유연성이 높아지면 착지 후 추진력이 커져 속도가 자연스럽게 늘어납니다.

이어서 폼롤러로 근막을 부드럽게 눌러주면 종아리와 허벅지의 뻣뻣함이 바로 풀립니다. 근막 이완으로 혈류가 늘어나면서 근육에 산소와 영양이 빠르게 도착하는데요. 산소 공급이 원활해지면 러닝을 할 때 숨이 덜 차고 같은 속도를 더 적은 힘으로 유지할 수 있습니다. 또한, 종아리 근육을 충분히 이완하면 아킬레스건과 종아리 부상이 예방됩니다. 근막 속에 쌓인 노폐물이 폼롤링으로 밀려 나가면 피로가 천천히 찾아옵니다.

러닝 후에 즉시 스트레칭을 하면 젖산이 빠르게 분산되어 근육통이 줄어듭니다. 몸이 유연해지면 상체 자세가 곧게 세워져 호흡 공간을 넓혀주기에 호흡이 깊어집니다. 깊은 호흡은 심장 부담을 줄여 중년의 심혈관 위험을 낮추는 데 기여합니다. 또한, 러닝 후의 스트레칭은 부교감신경을 자극해 긴장된 몸과 마음을 편안하게 만들어줍니다. 편안한 상태에서는 잠이 잘 오고 회복 호르몬이 충분히 분비됩니다. 휴식 중 혈류가 원활해지면 다음 날 다리의 무거움이 확연히 덜합니다.

러닝 후 꾸준히 폼롤러로 근막을 이완하면 IT 밴드(장경인대) 긴장을 완화해 옆무릎 통증이 감소합니다. 근막 이완으로 숨겨진 근육 매듭을 찾아 눌러주면 작은 부상도 미리 막을 수 있습니다.

스트레칭과 폼롤링을 함께 하면 관절의 가동 범위가 넓어져서 지면 반응력이 커집니다. 지면 반응력이 커질수록 에너지가 앞쪽으로 잘 전달되어 러닝이 더욱 효율적으로 이루어집니다. 이렇게 스트레칭과 폼롤러를 사용한 근막 이완에 하루 10분만 투자해도 러닝 퍼포먼스와 일상에서 유연성이 함께 올라갑니다.

스트레칭

다음은 맨몸 또는 의자 등의 도구를 사용해 종아리, 햄스트링, 고관절 주변의 근육 등을 스트레칭하는 방법입니다. QR 링크를 통해 다양한 부위의 스트레칭 방법을 익히고 러닝 전후에 꾸준히 적용하시길 권합니다.

서서 종아리 스트레칭

의자 햄스트링 스트레칭

의자 대퇴사두근 스트레칭

앉아서 고관절 이상근 스트레칭

서서 고관절 이상근 스트레칭

스모 스쿼트 몸통 회전 스트레칭

근막 이완 폼롤링

다음은 종아리, 햄스트링, 대퇴사두근, IT 밴드, 이상근(엉덩이), 등 상부(흉추)의 근막을 폼롤러를 사용해 이완하는 방법입니다. QR 링크를 통해 다양한 부위의 근막 이완 폼롤링 방법을 익히고 러닝 전후에 꾸준히 적용하시길 권합니다.

종아리 폼롤링

햄스트링 폼롤링

대퇴사두근 폼롤링

IT 밴드 폼롤링

이상근 폼롤링

등 상부 폼롤링

러닝 후 아이싱, 부기와 염증을 줄여주는 특효약

러닝 직후 아이싱을 하면 부기와 염증을 줄여줘서 다음 날 관절이 뻐근하지 않게 돕습니다. 차가운 자극이 혈관을 일시적으로 수축시켜 미세 출혈을 막고 멍이 드는 속도를 늦춰주죠. 통증이 신경에 전달되는 것을 둔하게 해 약을 먹지 않아도 불편함이 크게 줄어듭니다. 또한, 근육 온도가 내려가면서 대사 활동이 잠시 멈춰 손상 부위의 노폐물 축적을 최소화합니다. 아이싱 후 혈관이 다시 열리면, 신선한 산소와 영양분이 몰려와 회복이 빨라집니다.

아이싱은 20분을 넘기면 오히려 조직이 경직되니 타이머를 꼭 맞추고 해야 안전합니다. 꽁꽁 언 수건이나 젤팩을 얇은 천으로 감싸 피부 자극을 막아주는 것도 중요합니다. 무릎이나 발목처럼 뼈가 돌출된 부위보다는 근육이 많은 허벅지나 종아리에 먼저 해야 아이싱 효과를 얻기가 쉽습니다. 아이싱 직후에 가벼운 스트레칭을 병행하면 냉기 때문에 굳은 근육이 부드럽게 풀립니다.

   100년 쓰는 몸을 만드는 걷기와 달리기

최적의 러닝을 위한
수면 위생과 영양 가이드

양질의 수면과 균형 잡힌 영양 섭취는 건강한 삶의 필수 조건입니다. 이는 러닝에서도 마찬가지입니다. 양질의 수면과 균형 잡힌 영양 섭취는 건강한 삶을 유지하는 기본 조건이며, 러닝 퍼포먼스를 좌우하는 숨은 기반이기도 합니다.

아무리 훈련 계획이 좋아도 회복이 부족하면 몸은 적응하지 못하고, 피로와 부상만 누적됩니다. 수면은 훈련 효과를 몸에 저장하는 시간이고, 영양은 그 변화를 가능하게 하는 재료입니다. 러닝은 단순히 달리는 시간이 전부가 아니라, 잠든 사이에 일어나는 회복과 양질의 영양을 섭취하는 과정을 통해 비로소 완성됩니다.

양질의 수면과 러닝 퍼포먼스는 선순환 관계

규칙적인 러닝은 체온을 올린 뒤 서서히 식힘으로써 수면 리듬을 조절하는 호르몬 중 하나인 멜라토닌 분비를 도와 깊은 잠을 유도합니다. 하루에 30~40분 중강도 달리기를 오전이나 낮에 하면 생체 시계가 리셋돼 밤에 쉽게 잠이 듭니다. 반대로 잠들기 전 2시간 안에 고강도 달리기를 하면 교감신경이 활성화된 상태가 유지돼 입면이 지연될 수 있습니다.

수면 시간

7~8시간의 충분한 수면은 달리기로 손상된 근섬유를 회복하고 에너지 글리코겐(우리 몸에서 포도당을 저장해두었다가 필요할 때 빠르게 에너지로 전환하는 다당류)을 다시 채워줍니다. 깊은 수면 단계에서는 성장 호르몬이 많이 분비돼 근육 회복과 지방 연소가 동시에 빨라집니다.

수면이 6시간 미만으로 짧아지면 다음 날 러닝을 할 때 피로가 누적되고 부상 위험이 크게 늘어납니다. 밤마다 같은 시간에 자고 일어나면 심박수와 체온 리듬이 안정돼 러닝 퍼포먼스를 최상의 상태로 유지할 수 있습니다.

수면 환경

수면 시간만큼 수면 환경도 중요합니다. 어두운 방, 18~20도의 시원한 실내 온도, 전자기기 차단 등으로 양질의 수면 환경을 구축해야 잠의 질을 높아져 달릴 때 집중력을 올려줍니다. 낮 2시 이후 카페인 섭취를 피하고, 알코올은 수면 구조를 깨뜨려 러닝 후 근육 회복을 늦추므로 음주는 삼가는 것을 권합니다. 15~20분가량의 낮잠은 지친 신경을 재충전해 오후 러닝이나 근력 운동을 더 가볍게 만듭니다. 물과 전해질을 충분히 마시면 밤중 갈증으로 인한 각성이 줄고 다음 날 러닝 시 탈수가 예방됩니다.

숙면과 근막 이완 및 스트레칭의 관계

러닝 전 5분간 폼롤러를 사용해 가벼운 근막 이완을 하면 근육 온도가 높아져 보폭이 자연스럽게 커집니다. 또한, 폼롤러를 발목부터 종아리까지 천천히 굴리면 혈류가 늘어나 착지 충격을 흡수하는 능력이 좋아집니다.

러닝을 마친 뒤 5분간 다시 폼롤러를 사용해 근막 이완을 하면 노폐물이 빠져나가 근육통이 줄어들어 숙면을 돕습니다. 햄스트링과 대퇴사두근 스트레칭도 15~30초씩 유지하면 근육 길이가 회복돼 다음 날 뻣뻣함이 없습니다. 천천히 숨을 내쉬며 허벅지 앞쪽을 늘리면 부교감신경이 활성화돼 잠들기 쉬운 몸 상태가 됩니다. 종아리 스트레칭으로 아킬레스건의 긴장을 완화하면, 야간에 발생하는 근육 경련 현상을 효과적으로 예방할 수 있습니다.

폼롤러를 사용한 근막 이완과 스트레칭을 하는 데 하루 10분만 투자해도 수면 중 혈류 회복이 빨라 피로가 풀립니다. 특히 중년 이상의 러너는 '러닝-폼롤러 근막 이완-스트레칭-수면'의 순환 고리를 지키면 체중 관리와 관절 건강이 동시에 개선됩니다. 즉, 양질의 수면을 취해야 러닝이 즐겁고, 러닝과 근막 이완 및 스트레칭이 맞물려야 깊은 잠을 잘 수 있습니다.

규칙적인 러닝과 균형 잡힌 식사는
염증과 혈당을 관리하는 가장 탁월한 방법이다

러닝 퍼포먼스를 향상시키는 식이 전략

러닝 전 공복에 단당류를 많이 먹으면 혈당이 급격히 올라 운동 초반에 피로를 부릅니다. 반면 통곡물이나 바나나 같은 저·중 GI(혈당 지수) 탄수화물은 혈당 스파이크를 완만하게 해 에너지가 오래 갑니다. 빠른 혈당 상승은 인슐린을 과다 분비시켜 지방 저장과 염증 물질 생산을 자극합니다.

꾸준한 러닝은 근육이 포도당을 잘 쓰게 해 식후 혈당 변동을 줄여줍니다. 하지만 러닝 후 단맛 음료(액상과당)를 과다 섭취하면 다시 혈당이 치솟아 항염 효과가 반감됩니다. 운동 후 30분 안에 단백질 20g과 복합 탄수화물 40g을 함께 먹으면 염증 수치 상승을 억제합니다. 오메가-3가 풍부한 연어와 호두는 러닝으로 생긴 미세 염증을 빠르게 가라앉힙니다. 비타민 C, E가 많은 과일과 견과류는 활성산소를 잡아 근육의 회복을 돕습니다.

과도한 포화지방과 가공육은 사이토카인 분비를 높여 무릎 관절 통증을 악화시킵니다. 물을 충분히 마시면 혈액 점도가 낮아져 염증 부산물이 쉽게 배출됩니다.

영양소 흡수와 근막 이완 및 스트레칭의 관계

러닝 전 5분간 폼롤러를 사용해 근막 이완을 하면 혈류 속도를 높여 항염 영양소가 근육으로 빨리 흡수됩니다. 특히 폼롤러를 종아리와 허벅지까지 천천히 굴려주면 혈류가 개선되어 염증 유발을 예방합니다.

러닝을 마친 뒤 다시 폼롤링을 하면 젖산과 염증 물질이 빠져나가 근육통이 줄어듭니다. 또한, 햄스트링 스트레칭을 20초간 유지하면 근육 길이가 회복돼 혈액 흐름이 매끄러워집니다. 종아리 스트레칭은 아킬레스건 압박을 줄여 염증성 통증을 막아줍니다. 깊은 복식 호흡과 함께 스트레칭을 하면 스트레스 호르몬인 코르

티솔이 낮아져 염증이 감소합니다.

평일에 시간이 부족하다는 이유로 주말에만 과하게 달리면 근육 손상이 커져 염증과 혈당 변동이 동시에 심해집니다. 주 3~4회의 규칙적인 러닝과 균형 잡힌 식사는 염증과 혈당을 안정적으로 관리합니다. 잠들기 전 과자를 먹거나 음주를 하면 야간 혈당 스파이크와 염증 부종을 부르니 피해야 합니다. 즉, 올바른 영양 섭취, 폼롤링, 스트레칭을 함께 실행해야 염증 없이 가볍게 달리고 혈당도 고르게 유지할 수 있습니다.

러너를 괴롭히는
고질적인 부상과 대처법

무리한 거리와 속도 상승은 근육과 관절이 충격을 못 견디게 해 부상의 첫 원인으로 작용합니다. 이를 예방하려면 전주 대비 10% 이하로 거리와 페이스를 서서히 늘리는 것이 기본입니다. 낡거나 발에 맞지 않는 러닝화는 쿠션이 없어 착지 충격이 뼈와 힘줄로 직행하게 합니다. 아스팔트 위에서만 러닝을 하면 누적된 착지 충격이 커져 무릎과 허리 통증이 늘어납니다. 스트레칭이 부족하면 관절 범위를 좁혀 착지할 때 비틀림을 키워 부상을 유발합니다. 수분과 전해질이 부족하면 근육이 경직돼 작은 충격에도 미세 파열이 생깁니다.

부상을 예방하는 러닝 루틴

러닝화는 600~800km마다 교체하고 발에 맞는 인솔로 충격을 분산시킵니다. 주 1회 흙길이나 잔디가 깔린 땅 위를 달리면 지면 충격과 정신적 피로를 함께 줄일 수 있습니다. 러닝 전 5분간 다이내믹 스트레칭을 하면 관절을 열어 보폭이 자연스럽게 확장됩니다. 종아리와 햄스트링 폼롤링은 혈류를 늘려 착지 충격 흡수를 도와줍니다.

러닝 직후 5분간 폼롤러로 대퇴사두근, IT 밴드를 눌러주면 노폐물과 염증이 빠집니다. 이어서 허벅지 앞뒤, 종아리, 엉덩이를 15~30초간 정적 스트레칭을 하면 근육 길이가 회복됩니다. 주 2회 스쿼트, 힙 브리지, 코어 강화 운동으로 관절을 잡아주면 부상 위험이 절반으로 줄어듭니다.

단백질과 오메가-3가 풍부한 식사는 미세 손상을 고치고 염증을 가라앉힙니다. 운동 직후 물과 전해질을 보충해주면 경련과 건염이 예방됩니다. 하루 7~8시간 깊은 수면은 성장 호르몬을 분비해 힘줄과 근섬유를 재생시킵니다.

러닝을 하다가 통증이 느껴지면 즉시 강도를 줄이고 얼음찜질로 부기와 열을 식힙니다. 48시간이 지나도 통증이 계속되면 의사에게 진단을 받고 무충격 운동으로 체력을 유지합니다. 회복기에는 계단 엑센트릭(Eccentric, 근육이 늘어나면서 운동이 되는 동작)과 밴드 워킹(밴드를 이용한 근력 운동)으로 힘줄 배열을 정돈해 재발을 막습니다. 요컨대 점진적 훈련, 올바른 장비 사용, 폼롤링 및 스트레칭, 균형 잡힌 영양 섭취와 충분한 수면이 조화를 이루어야 부상 없이 오래 달릴 수 있습니다.

다음은 러너가 겪기 쉬운 부상들과 그에 대한 대처 및 예방법입니다.

① 아킬레스건염

원인

아킬레스건염은 단순히 많이 달려서 생기는 부상이 아닙니다. 대부분은 잘못된 달리기 습관, 특히 착지 방식에서 비롯되죠. 발의 앞부분으로만 착지하는 포어 풋 러닝은 지면 충격을 흡수하지 못한 채 종아리와 아킬레스건이 과도한 긴장을 하게 만듭니다. 이 긴장이 반복되면 미세한 손상이 누적되고 결국 통증과 염증으로 이어집니다.

첫째, 착지점을 바꾸는 것이 중요합니다. 앞꿈치가 아닌 발볼 전체로 부드럽게 착지하며, 뒤꿈치가 자연스럽게 지면에 닿게 해야 합니다. 착지 순간 뒤꿈치를 들고 버티는 습관은 아킬레스건에 지속적인 장력을 주어 회복을 늦춥니다. 따라서 발이 닿는 즉시 '굴러가듯' 충격을 분산시키는 감각을 익혀야 합니다.

둘째, 보폭을 줄이고 리듬을 세분화합니다. 보폭이 길수록 착지 시 종아리 근육이 과도하게 긴장되고, 그 긴장이 곧 아킬레스건으로 전달됩니다. 반면, 짧은 보폭으로 분당 170~180보 정도의 가벼운 리듬을 유지하면 충격이 작게 나누어지고, 아킬레스건에 가해지는 부담도 크게 줄어듭니다,

셋째, 몸의 중심을 발 위에 둡니다. 상체가 앞으로 기울면 아킬레스건이 늘어나고, 뒤로 젖히면 착지 충격이 커집니다. 머리, 가슴, 골반이 일직선에 놓이도록 정렬하고, 착지 시 무릎을 약간 굽혀 충격을 흡수하는 여유를 만들어야 합니다.

넷째, 회복기의 러닝은 속도를 위한 훈련이 아니라 몸의 리듬을 되찾는 과정으로 생각해야 합니다. 통증이 완전히 사라지지 않은 상태에서 빠르게 달리는 것은 아킬레스건 조직의 회복을 방해하고 재발 위험을 높입니다. 천천히, 부드럽게, 짧은 거리부터 러닝을 시작하며 매번 러닝 전후로 종아리와 아킬레스건을 30초 이

상 스트레칭하세요. 러닝 후 10분 정도의 걷기와 가벼운 마사지 또한 회복에 큰 도움이 됩니다.

러닝의 본질은 힘을 쓰는 것이 아니라, 힘을 빼는 타이밍을 아는 것입니다. 아킬레스건염의 회복 또한 그 원리를 배우는 과정입니다. 몸의 리듬을 다시 찾고, 착지를 바르게 정돈하면 아킬레스건은 스스로 회복할 시간을 되찾습니다. 그리고 그때부터 비로소 러닝이 다시 편안해집니다.

② 족저근막염

원인

족저근막염은 러너들에게 가장 흔한 부상 중 하나입니다. 아침에 첫발을 내디딜 때 느껴지는 찌릿한 통증, 러닝을 마친 뒤 발바닥이 타는 듯한 뻐근함은 대부분 이 문제에서 비롯됩니다. 족저근막은 발뒤꿈치에서 발가락까지 이어지는 강한 섬유 띠로, 우리가 서 있을 때와 달릴 때 발의 아치를 지탱하는 역할을 합니다. 하지만 잘못된 착지와 과한 충격, 그리고 불균형한 러닝 자세는 이 구조에 미세한 손상을 반복적으로 주어 염증을 만듭니다.

첫째, 발 딛기를 '멈추는 것'이 아니라 '올바르게 딛는' 것이 필요합니다. 족저근막염의 원인은 대부분 힐 스트라이크, 즉 뒤꿈치 착지에 있습니다. 뒤꿈치로 착지하면 발바닥의 충격 흡수 구조가 순간적으로 늘어나며 족저근막이 과도하게 당겨집니다. 특히 러닝화의 쿠션에 의존해 달릴 경우, 발의 근육이 제 역할을 하지 못하고 족저근막이 혼자 충격을 감당하게 됩니다.

따라서 회복의 핵심은 착지 패턴을 뒤꿈치 중심에서 발볼 중심으로 옮기는 것입니다. 즉, 미드 풋 착지를 연습해야 합니다. 그러면 발볼이 지면에 닿을 때 충격이 고르게 분산되고, 족저근막의 긴장이 완화됩니다. 착지 후 뒤꿈치가 자연스럽게 닿는 느낌을 유지하는 것이 중요합니다. 억지로 발뒤꿈치를 들거나, 반대로 완전히 눌러버리는 것도 좋지 않습니다. '발이 땅에 닿고 굴러가듯' 흐르는 느낌을 찾는 것이 핵심입니다.

둘째, 보폭을 줄입니다. 긴 보폭은 착지 시 발이 몸보다 앞에 떨어지게 만들어, 매번 지면을 강하게 두드리게 만듭니다. 그 충격이 족저근막으로 바로 전해지죠. 보폭을 줄이고, 발이 몸의 중심 아래로 들어오게 달리면 충격이 분산되고 아치의 부담이 줄어듭니다. 케이던스를 높여 분당 170보 내외의 리듬을 유지하면 자연스럽게 가벼운 착지가 만들어집니다.

셋째, 체중의 흐름을 앞으로 옮깁니다. 족저근막염이 있는 사람은 대체로 상체가 뒤로 젖혀진 자세로 달립니다. 이 자세에서는 착지 충격이 뒤꿈치 쪽으로 몰리며, 발바닥의 긴장이 과도하게 늘어납니다. 달릴 때는 가슴을 살짝 앞으로 기울이고, 머리부터 발끝까지 일직선의 축을 만듭니다. 그래야 지면의 충격이 '발 → 무릎 → 엉덩이 → 몸통'으로 자연스럽게 흘러갑니다.

넷째, 러닝 전후의 루틴을 바꿔야 합니다. 러닝 전에는 종아리와 발바닥 근막을 부드럽게 늘여주고, 러닝 후에는 발바닥을 마사지볼로 천천히 풀어줍니다. 딱딱한 아스팔트보다는 탄성이 있는 트랙이나 흙길에서 달리는 것도 회복에 도움이 됩니다.

족저근막염은 '과한 충격'이 아니라 '충격이 빠져나가지 못하는 몸의 구조'에서 비롯됩니다. 몸의 축을 바로 세우고, 착지를 부드럽게 조율하면 족저근막은 다시 제 기능을 되찾습니다. 러닝은 근육으로만 하는 운동이 아닙니다. 지면의 힘을 어떻게 흘려보내느냐가 러닝의 품격을 만듭니다. 족저근막염의 회복은 결국 그 흐름을 되찾는 과정입니다.

③ 발목 불안정성으로 인한 부상

발목 불안정성은 단순히 '삐끗한 경험이 있다' 수준의 문제가 아닙니다. 한 번의 염좌 이후에도 발목이 자주 꺾이거나, 달릴 때 지면이 불안하게 느껴진다면 이미 발목의 고유 감각과 근육 제어 능력이 약해져 있는 상태입니다. 발목은 우리 몸의 균형을 가장 먼저 감지하고 조절하는 관절입니다. 이곳이 불안정하면 착지 순간마다 몸의 축이 흔들리고, 무릎과 엉덩이, 허리까지 연쇄적으로 영향을 받습니다. 그래서 발목의 안정은 러닝의 시작이자 끝이라고 해도 과언이 아닙니다.

러닝 중 발목 불안정성이 생기는 가장 큰 원인은 잘못된 착지 습관입니다. 많은 사람이 달릴 때 뒤꿈치나 바깥쪽으로 착지합니다. 이때 충격이 한쪽으로 몰리면서 발목이 안쪽으로 말리거나 바깥으로 꺾이는 움직임이 반복됩니다. 또한, 보폭이 길고 착지 위치가 몸의 중심보다 앞에 있을수록 착지 충격은 발끝에 집중되고 발목의 제어는 더 어려워집니다. 결국 발목 주변의 안정화 근육이 제 역할을 하지 못하고, 고르지 못한 지면이나 작은 턱에도 쉽게 흔들리는 상태로 변합니다.

회복 가이드

첫째, 회복을 위해 가장 먼저 해야 할 것은 착지의 방향을 바로 세우는 일입니다. 발이 지면에 닿을 때는 발바닥 전체, 특히 엄지발가락 아래(제1중족골) 쪽이 지면과 함께 작동해야 합니다. 발의 안쪽 아치가 무너지고 바깥쪽으로 치우치는 습관을 고치면, 발목의 회내·회외 움직임이 안정됩니다. 착지 시에는 발바닥이 바닥을 '찍는' 느낌이 아니라, 지면을 '감싸며 눌러주는' 느낌을 가져야 합니다.

둘째, 보폭을 줄이고, 중심 아래로 착지합니다. 긴 보폭으로 달리면 매번 몸이 흔들리고, 발목이 충격을 직접 받습니다. 반면, 짧은 보폭으로 몸의 축 바로 아래에 착지하면 충격이 수직으로 흡수되고, 발목이 안정된 상태에서 무릎과 엉덩이로 힘이 전달됩니다. 달릴 때 '발을 뻗는다'는 생각보다 '몸이 넘어지며 자연스럽게 착지한다'는 이미지를 그리면 좋습니다.

셋째, 발목의 회복을 돕는 리듬을 만듭니다. 불안정한 발목일수록 지면에서 오래 머물면 흔들림이 커집니다. 따라서 높은 케이던스, 즉 분당 170보 내외의 짧고 가벼운 리듬으로 달려야 접지 시간이 짧아지고 발목의 안정성이 향상됩니다. 이때 지면을 강하게 밀어내려 하기보다 '가볍게 튀어오른다'는 느낌을 유지합니다.

넷째, 러닝 전후의 발목 활성화 루틴이 필수적입니다. 러닝 전에는 밴드를 이용한 발목 내·외반 운동으로 작은 근육들을 깨워 주고, 러닝 후에는 '발목 원 그리기'와 종아리 스트레칭으로 관절의 긴장을 풀어줍니다. 이 과정을 꾸준히 반복하면 발목의 고유 감각이 되살아나고, 착지 순간의 미세한 균형 조절 능력이 다시 살아납니다.

발목은 몸의 첫 번째 센서입니다. 이 작은 관절이 흔들리면 그 위의 모든 움직임이 불안해집니다. 하지만 반대로 발목이 안정되면 러닝의 모든 흐름이 달라집니다. 착지의 방향을 바로 세우고, 중심의 선을 회복하면 발목은 더 이상 부상의 취약점이 아니라, 강한 추진력의 발판이 됩니다. 러닝의 안정감은 결국 한 걸음의 균형에서 시작됩니다.

④ 러너스 니

원인

러너스 니(Runner's Knee), 의학 용어로 슬개대퇴통증 증후군은 이름 그대로 러너에게 가장 흔하게 나타나는 무릎 통증입니다. 무릎 앞쪽이 묵직하게 아프고, 러닝 중이나 계단을 내려갈 때 통증이 심해지는 것이 특징입니다. 어떤 사람은 '무릎 안쪽이 쑤신다'

라고, 또 어떤 이는 '무릎이 꾹 눌리는 느낌'이라고 표현하죠. 하지만 그 원인은 무릎 자체보다는 러닝 자세의 불균형에 있는 경우가 대부분입니다.

러너스 니의 핵심 원인은 착지 순간 무릎이 받는 충격과 정렬의 문제입니다. 착지 시 발이 몸의 중심보다 앞쪽에 떨어지거나 무릎이 안쪽으로 모이는 외반·내회전 패턴이 반복되면, 슬개골(무릎뼈)이 대퇴골 홈 안에서 비정상적인 궤도로 움직입니다. 이때 슬개골 아래의 연골이 압박을 받고 마찰이 일어나며 통증이 발생합니다. 여기에 긴 보폭, 과도한 뒤꿈치 착지, 약한 둔근이 더해지면 문제는 더욱 악화됩니다.

회복 가이드

첫째, 회복을 위해 가장 먼저 교정해야 할 것은 착지 위치입니다. 발을 멀리 뻗은 상태에서 착지하는 오버스트라이드는 무릎에 직접적인 충격을 줍니다. 착지 시 발이 몸의 중심 바로 아래, 골반 선 아래로 들어오도록 의식해야 합니다. 이렇게 하면 착지 충격이 수직으로 분산되고, 무릎 대신 엉덩이와 허벅지 근육이 충격을 흡수합니다.

둘째, 보폭보다 리듬에 집중하는 것입니다. 짧은 보폭과 빠른 케이던스(분당 170~180보)를 유지하면 착지 시간이 짧아지고, 무릎이 받는 하중이 줄어듭니다. 무릎으로 땅을 '누르는' 느낌이 아니라, 몸이 앞으로 '굴러간다'는 느낌으로 달리세요. 리듬감 있는 착지는 충격을 흡수하고 반발력을 효율적으로 활용할 수 있게 해줍니다.

셋째, 착지 시 무릎의 방향과 체중의 흐름을 바로잡습니다. 착지 순간 무릎이 안쪽으로 모이면 슬개골이 틀어집니다. 이를 방지하려면 무릎이 항상 발가락과 같은 방향, 즉 전방을 향하도록 유지해야 합니다. 이를 위해서는 둔근과 대퇴 외측 근육의 활성화가 중요합니다. 달리기 전 '힙 브리지'나 '클램셸' 같은 간단한 둔근 워밍업을 해두면 무릎의 정렬이 훨씬 안정됩니다.

넷째, 상체의 자세에 유의합니다. 상체가 뒤로 젖혀지면 착지 충격이 무릎으로 집중됩니다. 가슴을 살짝 앞으로 기울이고, '머리 - 가슴 - 골반'이 일직선을 이루는 자세를 유지하면 체중이 무릎 아래로 고르게 분산됩니다. 달릴 때 시선은 먼 곳을 향하고, 어깨는 긴장을 풀어 자연스럽게 흔들어야 합니다.

다섯째, 러닝 강도의 조절이 필요합니다. 통증이 있는 동안에는 속도보다 자세를 되찾는 데 집중해야 합니다. 짧은 거리에서 리듬을 유지하며 달리고, 통증이 느껴지면 즉시 멈춰야 합니다. 러닝 후에는 허벅지 앞쪽과 엉덩이, 햄스트링을 충분히 스트레칭해 관절 주변의 긴장을 풀어줍니다.

러너스 니는 '무릎 자체가 잘못된 것'이 아니라 '잘못된 달리기 방식이 무릎을 힘들게 한 것'입니다. 착지의 위치, 중심의 흐름, 리듬의 조화를 바로 세우면 무릎은 스스로 회복할 수 있습니다. 통증이 사라지는 순간은 단지 회복의 끝이 아니라 올바른 달리기의 시작입니다. 몸이 주는 신호를 듣고 그 안에서 리듬을 다시 세우는 것, 그것이 러너스 니를 넘어서는 진짜 러닝의 과정입니다.

⑤ 요통

원인

요통은 러너에게 의외로 흔한 부상입니다. 러닝은 하체 중심의 운동처럼 보이지만, 실제로는 몸통의 안정성과 리듬 위에서 완성됩니다. 허리가 아픈 것은 단순히 근육이 약하거나 많이 써서 생긴 문제가 아닙니다. 대부분의 경우, 잘못된 착지와 중심 흐름의 붕괴에서 비롯되죠. 몸의 축이 무너지면 그 하중이 허리로 쏠리게 되고, 결국 요추 주변 근육이 과하게 긴장하며 통증이 나타납니다.

러닝 중 요통의 주요 원인은 과도한 상체 흔들림과 중심 이동의 불균형입니다. 착지할 때 상체가 뒤로 젖혀지면, 몸의 무게중심이 뒤로 밀리면서 척추기립근이 계속해서 몸을 세우기 위해 긴

장합니다. 반대로 상체가 지나치게 앞으로 숙여지면, 요추의 만곡
이 무너지고 허리 디스크 부위가 압박됩니다. 이 상태가 반복되면
허리 근육이 단단히 뭉치고, 달릴수록 허리 아래쪽이 무거워지는
느낌을 받게 됩니다.

회복 가이드

첫째, 요통 회복을 위한 러닝 주법의 핵심은 몸의 축을 다시 세
우는 것입니다. 달릴 때 '머리 – 가슴 – 골반'이 일직선을 이루도록
정렬해야 합니다. 상체를 억지로 세우려 하기보다 가슴을 살짝 앞
으로 내밀어 중심이 발 위로 자연스럽게 떨어지게 만듭니다. 이렇
게 되면 척추 주변 근육이 받는 부담이 줄고, 충격이 전신으로 고
르게 흘러갑니다.

둘째, 착지의 위치와 리듬이 중요합니다. 보폭이 길거나 뒤꿈
치로 강하게 착지하면, 착지 충격이 골반과 허리로 직접 전달됩니
다. 따라서 착지 시 발이 몸의 중심선 바로 아래로 들어오도록 해
야 합니다. 발의 중앙(미드 풋)으로 부드럽게 닿고, 뒤꿈치가 자연
스럽게 이어지는 흐름이 이상적입니다. 리듬감 있는 짧은 보폭(분
당 170보 내외)은 요추의 흔들림을 줄여주고, 코어가 충격을 효과적
으로 흡수할 수 있게 합니다.

셋째, 코어의 개입을 되살립니다. 요통이 있는 러너는 대부분

 100년 쓰는 몸을 만드는 걷기와 달리기

복부의 깊은 근육이 제대로 작동하지 않습니다. 러닝 중에도 배를 살짝 당겨 복부에 긴장감을 유지하면 척추의 안정성이 높아집니다. 코어에 힘이 들어간 상태에서는 착지 순간 충격이 척추로 전달되지 않고, 복부와 둔근이 함께 충격을 나눠 받습니다. '배꼽을 안으로 당기고, 엉덩이를 가볍게 조인다'는 이미지를 떠올리면 좋습니다.

넷째, 팔과 어깨의 리듬에 신경 씁니다. 팔을 경직된 상태로 흔들면 허리 근육이 따라 긴장합니다. 어깨의 힘을 빼고, 팔이 앞뒤로 자연스럽게 흔들리도록 하면 척추 회전이 부드러워지고, 몸통의 좌우 균형이 맞춰집니다. 몸이 좌우로 흔들리지 않을 때, 허리는 더 이상 중심을 잡기 위해 과도하게 힘을 쓰지 않아도 됩니다.

다섯째, 러닝 강도를 줄이고 리듬 회복을 우선시하는 단계가 필요합니다. 요통 회복기에는 빠른 속도보다 부드러운 연결이 중요합니다. 속도를 낮추고, 짧은 거리에서 착지의 감각과 중심의 흐름을 다시 익히세요. 러닝 전에는 고관절과 햄스트링을 충분히 스트레칭하고, 러닝 후에는 허리와 둔근을 마사지하거나 가볍게 걷는 것이 좋습니다.

요통은 '허리의 문제'로 시작되지만, 사실은 몸 전체의 조화가 무너졌다는 신호입니다. 중심의 선이 흐트러지고 착지의 타이밍이 어긋날 때 허리는 그 대가를 치릅니다. 하지만 몸의 축을 다시 세우고 착지의 리듬을 되찾는다면 허리는 놀라울 만큼 빠르게 회복됩니다. 러닝은 결국 중심을 지키는 예술입니다. 허리를 아프게 만든 러닝이, 올바른 리듬 위에서는 오히려 허리를 회복시키는 최고의 운동이 됩니다.

안정적인 러닝을 돕는
테이핑의 기술

러너에게 발목과 무릎 테이핑은 단순히 '부상 방지용 액세서리'가 아닙니다. 테이핑은 움직임의 감각을 되살리고, 신체 정렬을 바로잡는 보조 도구입니다. 러닝은 반복적인 충격과 지면 반발력의 흐름 속에서 이루어지는 운동이기에, 작은 각도의 차이와 근육의 미세한 불균형이 부상으로 이어지기 쉽습니다. 테이핑은 그 불균형을 감각적으로 교정해 몸이 스스로 안정된 움직임을 찾도록 돕습니다.

각 부위별 테이핑의 이점

발목

발목 테이핑은 지면과의 접촉 안정성을 높이는 역할을 합니다. 러닝 중 발목은 끊임없이 회내(안쪽 기울기)와 회외(바깥 기울기)를 반복하며 충격을 흡수합니다. 그러나 한 번이라도 염좌를 경험한 러너는 발목의 고유 감각이 둔해지고, 미세한 흔들림조차 즉각적으로 조절하지 못하게 됩니다.

이때 테이핑은 피부를 따라 얇은 자극을 제공해 발목의 움직임을 '느끼는 능력'을 되살립니다. 즉, 발목이 안쪽으로 말리거나 바깥으로 꺾이려는 순간을 몸이 빠르게 감지할 수 있게 해주죠. 또한, 테이핑은 관절의 과도한 가동 범위를 제한해 불필요한 움직임을 줄이고 안정된 착지를 유지하도록 도와줍니다. 특히 내측 아치가 무너지는 러너나 잦은 염좌 이력이 있는 사람에게 효과적입니다.

무릎

무릎 테이핑은 착지 시 충격 분산과 정렬 교정에 도움을 줍니다. 많은 러너가 착지할 때 무릎이 안쪽으로 모이거나 슬개골이 대퇴골 홈에서 비틀리며 움직입니다. 이는 러너스 니 같은 통증으로 이어지기 쉽습니다. 무릎 주변에 테이프를 적절히 부착하면 피

 100년 쓰는 몸을 만드는 걷기와 달리기

부와 근육, 인대 사이의 미세한 긴장을 조절해 무릎이 올바른 궤도로 움직이도록 유도합니다. 테이핑은 통증을 직접적으로 치료하진 않지만, 움직임의 패턴을 바르게 잡아주며 즉각적인 피드백을 제공합니다. 착지 순간 무릎이 안쪽으로 말리려 하면, 테이프의 당김이 그 잘못된 움직임을 스스로 인식하게 만들어줍니다.

또한, 테이핑은 심리적인 안정감에도 영향을 줍니다. 통증을 경험한 러너는 다시 달릴 때 무의식적으로 자세를 움츠리거나 착지에 두려움을 느낍니다. 테이핑은 그 불안감을 완화시켜 '보호받고 있다'는 신호를 몸에 전달합니다. 이 심리적 안정이 곧 러닝 자세의 안정으로 이어집니다.

테이핑의 본질은 몸의 감각을 되살리는 것입니다. 테이핑은 근육의 힘을 대신 해주는 것이 아니라, 그 힘이 올바르게 발휘될 수 있도록 길을 안내합니다. 발목 테이핑은 착지의 균형을, 무릎 테이핑은 충격의 흐름을 정돈합니다. 제대로 된 테이핑은 몸을 묶는 것이 아니라, 오히려 움직임을 자유롭게 만들어주는 도구입니다.

러닝은 균형의 예술입니다. 테이핑은 그 균형을 찾아가는 러너에게 잠시 빌려주는 감각의 지지자와도 같습니다.

발목 테이핑 방법

첫 번째 테이프

- 발목 바깥쪽 뒷부분(복사뼈 뒤쪽)을 기준으로 붙이기 시작합니다.
- 50% 정도의 강도로 당김을 주어 발바닥 안쪽 방향으로 감싸며 붙입니다.
- 발목의 안정성을 주는 기본 고정 라인입니다.

두 번째 테이프

- 발끝 쪽에서 발꿈치까지 사선으로 감아올립니다.
- 역시 50% 정도의 강도로 당김을 주어 피부에 밀착시켜 붙입니다.

세 번째 테이프

- 발끝 아래쪽에서 시작해 발목 안쪽으로 감습니다.
- 마찬가지로 50% 정도의 강도로 감아 발목이 안쪽으로 꺾이지 않게 합니다.

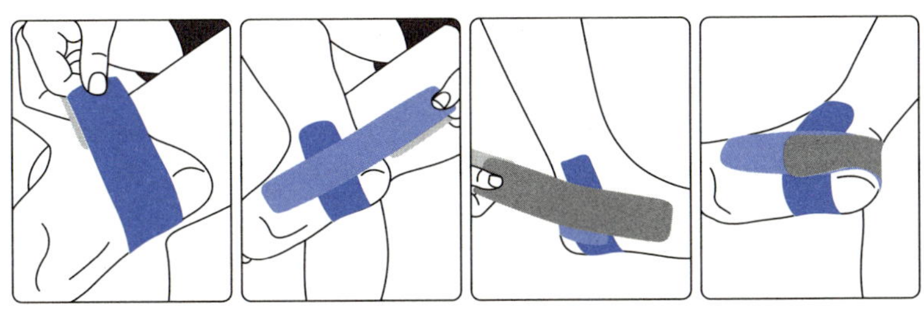

발목 테이핑 순서

마무리

- 마지막으로 모든 테이프의 끝부분을 덧붙여 겹치게 고정합니다.

- 테이프 끝을 부드럽게 문질러 접착력을 높이면 완성입니다.

효과

- 발목이 안쪽으로 꺾이는 내반(발목 염좌)을 예방합니다.

- 러닝 중 발목 안정성을 강화합니다.

- 부상 후 재활기나 운동 전 준비운동용으로 사용합니다.

아킬레스건 테이핑 방법

첫 번째 테이프

- 발뒤꿈치 아래쪽에서 시작해 종아리 중앙까지 곧게 붙입니다.
- 50% 정도의 강도로 당김을 주며 붙여 아킬레스건을 직접 지지하도록 합니다.
- 종아리 근육이 늘어날 때 아킬레스건이 과도하게 당겨지는 것을 완화시켜줍니다.

두 번째 테이프

- 아킬레스건 바깥쪽으로 가로 방향으로 감습니다.
- 80% 정도의 강도로 당김을 주어 붙여, 아킬레스건 주변을 감싸듯 안정화합니다.

세 번째 테이프

- 마찬가지로 80% 정도의 강도로 당김을 유지하며, 아킬레스건 위쪽을 또 한 번 감쌉니다.

마무리

- 모든 테이프 끝을 부드럽게 눌러 고정하고, 접착력을 높이

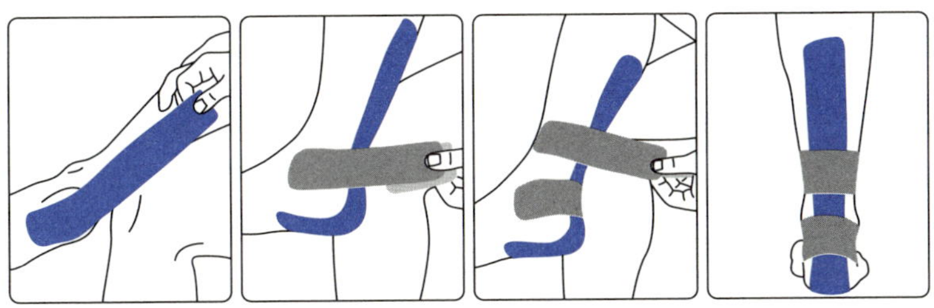

아킬레스건 테이핑 순서

기 위해 손바닥으로 가볍게 문질러줍니다.

- 과도한 압박 없이 지지감만 느껴질 정도가 이상적입니다.

효과

- 아킬레스건의 장력을 감소시키고, 염증 부위를 안정화합니다.
- 종아리 근육의 피로를 완화합니다.
- 러닝 전후 부상을 예방하고 회복을 보조합니다.

무릎 테이핑 방법

첫 번째 테이프

- 무릎 앞쪽에 가로로 붙여 기본 고정을 합니다.
- 무릎 아래에서 살짝 당긴 상태로 붙여, 슬개골 아래쪽을 지

지합니다.

- 무릎이 흔들리거나 밀리는 느낌을 줄여주는 역할입니다.

두 번째 테이프

- 허벅지 바깥쪽에서 시작해 무릎 안쪽 아래로 대각선 방향으로 내려 붙입니다.
- 약 25~50% 정도의 강도로 당김을 주어 붙여, 무릎 외측을 지지합니다.
- 바깥쪽에서 안쪽으로 힘이 모아지도록 붙이는 것이 핵심입니다.

세 번째 테이프

- 이번엔 허벅지 안쪽에서 시작해 무릎 바깥쪽 아래로 대각선 방향으로 교차해 붙입니다.
- 마찬가지로 25~50% 정도 강도로 당김을 주어 두 번째 테이프와 X자 형태가 되도록 합니다.
- 무릎을 앞뒤, 좌우로 안정화시키는 효과가 있습니다.

마무리

- 모든 테이프의 끝부분을 부드럽게 눌러 밀착시킵니다.

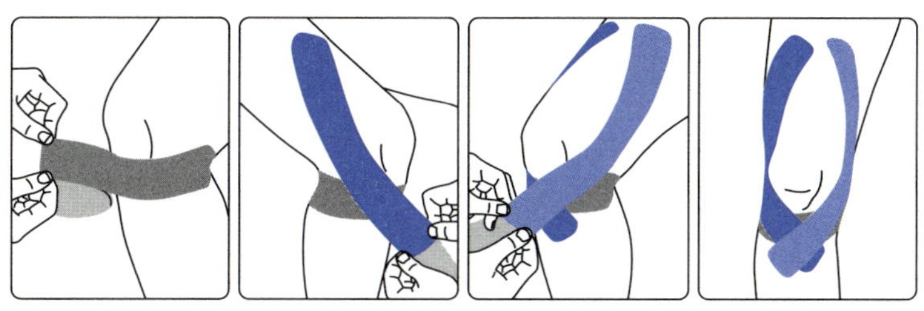

무릎 테이핑 순서

- 손바닥으로 가볍게 문질러 접착력을 높여주면 완성입니다.

효과

- 무릎 앞 통증(슬개건염, 러너스 니)을 완화합니다.

- 무릎의 좌우 흔들림을 방지합니다.

- 러닝, 점프, 등산 등 운동 중 무릎의 안정성을 향상합니다.

RUN!

러너들이 자주 겪는
문제와 해결법 10

다음은 안전하고 효율적인 러닝을 어렵게 하는 대표적인 문제 10가지를 선별해 원인과 해결 방안을 일목요연하게 정리한 것입니다. 본문에서도 언급한 내용들이지만, 바로 실전 트레이닝에 적용할 수 있도록 핵심만 간추려 요약했습니다. 러닝을 하며 불편감이나 통증을 느낀다면, 다음의 내용들을 참고해 자신의 러닝 퍼포먼스를 점검하고 교정하세요.

1. 케이던스(분당 스텝 수)가 낮다

왜 문제인가

- 보폭은 길고 발은 적게 디뎌 충격이 증가한다.

- 무릎과 발바닥 통증 발생률이 증가한다.

어떻게 고치는가

STEP 1. 10초 카운트 테스트

- 지금 뛰는 페이스로 10초 동안 발 딛는 횟수를 체크하고 곱하기 6을 한다.

  → 현재 케이던스 파악

STEP 2. 목표 케이던스 설정

- 초보자 기준, 160~170spm이면 충분하다.

STEP 3. 교정 방법

- 보폭 줄이고 '타타타' 하고 떨어뜨리는 느낌으로 발을 빠르게 딛는다.

- 메트로놈 앱을 165bpm으로 설정한 후 3분 동안 따라 뛴다.

2. 보폭이 너무 길다(오버스트라이드)

왜 문제인가

- 발을 멀리 뻗어 착지하면 충격이 무릎과 아킬레스건에 바로 전달된다.

- 피로가 빨리 오고 호흡도 불규칙해진다.

어떻게 고치는가

STEP 1. 보폭 10~20% 줄이기

- 평소 걷기 보폭보다 살짝 더 좁힌다.

- 발을 '크게 내딛지 않는다'가 핵심이다.

STEP 2. 발을 '몸 바로 아래'에 떨어뜨리기

- 발을 앞쪽으로 던지지 말고 아래로 '툭' 떨어지게 한다.

- 발을 앞으로 뻗는 게 아니라 아래로 내려놓는 느낌을 기억하자.

STEP 3. 60초 연습

- 장소: 실내·복도

- 30초: 작은 보폭으로 걷기

- 30초: 작은 보폭으로 조깅 → 그대로 러닝에 적용

3. 앞꿈치로 착지한다

왜 문제인가

- 발 앞쪽, 종아리, 아킬레스건에 모든 충격이 몰린다.

- 초보자나 중년의 경우 바로 통증으로 이어진다.

어떻게 고치는가

STEP 1. 발 전체 '툭' 떨어뜨리기 연습

- 맨발로 제자리에서 가볍게 뛰기를 20초간 한다.

- 자동으로 발 전체가 닿는 느낌을 기억한다.

STEP 2. 발 앞부분에 힘 주지 않기

- 착지 순간 발가락에 힘이 들어가면 앞꿈치 착지다.

- 발등, 발목에 힘을 뺀다.

STEP 3. 2분 루틴

- 1분: 작은 보폭으로 걷기

- 1분: 발 아래 착지로 천천히 조깅

4. 상체를 앞으로 숙인다

왜 문제인가

- 폐 공간이 줄어들어 호흡이 불편해진다.

- 무게중심이 깨져 무릎 앞쪽에 부담이 증가한다.

어떻게 고치는가

STEP 1. 가슴 열기

- 달릴 때 '가슴에 바람이 들어온다'는 느낌을 갖는다.

- 어깨 힘을 빼고 광배 높이에서 팔을 흔든다.

STEP 2. 시선 10~15m 앞 보기

- 발끝을 보지 않는다.

- 시선만 올려도 상체가 자동으로 펴진다.

5. 팔 흔들림이 너무 크거나 비대칭이다

왜 문제인가

- 상체가 좌우로 흔들려 착지가 불안정해진다.

- 에너지 낭비로 피로가 증가한다.

어떻게 고치는가

STEP 1. 팔 각도 90도 유지하기

- 팔꿈치를 너무 펴지 않는다,

- 겨드랑이를 살짝 열고 가볍게 흔든다.

STEP 2. 뒤로 미는 동작 중심

- 팔을 앞으로 크게 당기지 않는다.

- 뒤로 '슥' 밀어준다.

STEP 3. 1분 셀프 교정

- 30초: 걷기에서 팔 리듬 맞추기

- 30초: 러닝에서 팔이 몸통 흔들지 않게 하기

6. 골반이 좌우로 흔들린다

왜 문제인가

- 무릎과 허리에 충격이 전달된다.

- 러닝 자세 전체가 흔들린다.

어떻게 고치는가

STEP 1. 보폭 줄이기(가장 좋은 해결책)

- 보폭을 줄이면 골반 흔들림이 즉시 감소한다.

STEP 2. 둔근 활성화 운동(2분)

- 브릿지 20회

- 사이드 워크 15m

→ 둔근이 깨어나야 골반이 지지된다.

STEP 3. 착지 시 골반이 떨어지지 않는지 체크하기

- 착지하는 순간 골반이 '툭' 떨어지면 보폭이 감소한다.

- 둔근을 활성화한다.

7. 무릎이 안쪽으로 말리며 착지한다(무릎 외반)

왜 문제인가

- 무릎 앞쪽 통증, 장경인대 통증이 급증한다

- 러닝을 지속하기 어려워진다.

어떻게 고치는가

STEP 1. '무릎 11자 유지' 의식하기

- 착지하는 순간 무릎, 발끝, 엉덩이가 일직선이 돼야 한다.

- 착지할 때 무릎이 안쪽으로 '꺾이지 않도록' 주의한다.

STEP 2. 발 아치 강화 1분 루틴

- 타월 컬 20회

- 발가락을 바닥에 가볍게 '붙이는' 연습하기

STEP 3. 둔근 강화 필수

- 무릎이 안쪽으로 무너지는 동작이 발생한다.

- 골반이 좌우로 흔들리며 보행 안정성이 저하된다.

8. 발목이나 종아리가 뻣뻣하다

왜 문제인가

- 충격 흡수를 못해 무릎과 발바닥으로 충격이 전달된다.

- 아킬레스건의 과부하가 상승한다.

어떻게 고치는가

STEP 1. 종아리 스트레칭(벽 밀기)

- 30초×2세트

- 뒤꿈치가 바닥에서 뜨지 않도록 한다.

STEP 2. 발목 앞부분 스트레칭

- 발 앞을 계단에 걸친 자세를 20초씩 유지한다.

9. 호흡 리듬이 불안정하다

왜 문제인가

- 발 리듬과 호흡 리듬이 따로 놀아 숨이 빨리 찬다.

- 상체 긴장으로 러닝 폼이 무너진다.

어떻게 고치는가

STEP 1. 2:2 호흡 패턴

- 두 걸음 동안 들이마시고, 두 걸음 동안 내쉰다.

- 숨을 고르면서 3:3 패턴으로 해도 무방하다.

STEP 2. 가슴 열기

- 상체를 펴면 폐 확장 공간이 증가한다.

STEP 3. 너무 빠른 속도 줄이기

- 호흡이 해결될 때까지 슬로 조깅을 유지한다.

10. 전체적으로 폼이 번잡하다(팔·보폭·상체 모두 불안정)

왜 문제인가

- 에너지 소모가 많고 부상 위험이 증가한다.

- 몸 전체가 힘을 쓰는 '비효율 러닝' 패턴이다.

어떻게 고치는가

STEP 1. '작게·가볍게·조용하게' 원칙으로 5분 슬로 조깅 하기

- 보폭은 작게,

- 충격은 작게,

- 착지 소리도 작게 한다.

STEP 2. 전신 힘 빼고 리듬 만들기

- 종아리와 엉덩이가 자연스럽게 움직일 정도만 사용한다.

STEP 3. 5분 루틴 후 10분 조깅 적용

- 팔을 몸에 붙여서 움직임을 최소화한다.

- 지면에 발이 닿는 시간을 최대한 짧게 한다.

- 시선은 어느 한 점에 고정하고 달린다.

100년 쓰는 몸을 만드는
걷기와
달리기

초판 1쇄 발행 2026년 4월 20일

지은이 김병곤
펴낸이 권미경
기획·편집 김효단
마케팅 심지훈, 강소연, 김재이
디자인 디스커버
운동 시범 이정헌, 박상욱, 송찬오
동영상 편집 장인영

펴낸곳 ㈜웨일북
출판등록 2015년 10월 12일 제2015-000316호
주소 서울특별시 마포구 양화로1길 29, 2층
전화 02-322-7187 **팩스** 02-337-8187
메일 sea@whalebook.co.kr **인스타그램** instagram.com/@whalebooks

소중한 원고를 보내주세요.
좋은 저자에게서 좋은 책이 나온다는 믿음으로, 항상 진심을 다해 구하겠습니다.